Lons-le-Saunier (Jura), le 8 janvier 1876.

A MES COMPATRIOTES

Au mois de juin dernier ont eu lieu, à Paris, les débats d'un procès en nullité de mariage que mon beau-père, M. Bréon, nous avait intenté, à ma femme et à moi, et qu'il a fait plaider alors que sa fille n'était plus [1].

Ce procès a fourni le prétexte depuis longtemps cherché de calomnies et d'injures qu'une presse radicale, impie, s'est chargée de déverser sur moi et de répandre au loin.

Dans le cours des débats et avant la sentence, des plumes de salaire ont eu hâte d'écrire des récits fantaisistes, mensongers, qu'elles se sont bien gardées de rétracter ensuite, quoique le jugement m'eût donné gain de cause.

Mes amis me supplièrent d'opposer une réponse, tout au moins de laisser parler les journaux prêts à soutenir ma cause, devenue, voulaient-ils bien me dire, celle de tous les honnêtes gens.

Je refusai de me commettre dans ces débats de presse. Quoi qu'il m'en coûtât, quelque blâme que je dusse encourir, je résolus d'attendre jusqu'au jour où mon adversaire aurait épuisé toutes les juridictions.

Le motif de cette réserve est facile à comprendre : dans les temps ordinaires convient-il de soumettre au tribunal de l'opinion publique un procès dont la justice régulière se trouve encore saisie ?

Mais aujourd'hui l'approche des élections générales, en m'imposant de nouveaux devoirs, me donne des libertés plus grandes.

Ceux de mes compatriotes qui m'ont fait l'honneur, le 8 février 1871, de m'envoyer combattre aux premiers rangs pour défendre leurs plus chers intérêts et les principes mêmes de tout ordre social, ont le droit de savoir quelle est la vérité sur les machinations dirigées contre moi. Cette vérité, je vais la dire ; je vais la faire connaître pleine, entière.

Au roman inventé pour me perdre j'opposerai le simple récit des faits qui ont précédé, accompagné et suivi mon mariage ; ensuite je répondrai, point par point, aux accusations dont j'ai été l'objet.

---

1. Mon mariage a eu lieu le 3 janvier 1873 ; — l'assignation en nullité de mariage, le 20 décembre 1873 ; — le décès de ma femme, le 8 juin 1874 ; — les plaidoiries et le jugement, les 16, 23 et 30 juin et 7 juillet 1875.

Je m'arrêterai peu à la question de droit, le tribunal m'ayant donné raison :
par son jugement du 7 juillet 1875, « il a déclaré M. Bréon mal fondé dans ses
« demandes, fins et conclusions, l'en a débouté et l'a condamné en tous les
« dépens. »

Mais au-dessus de la légalité il y a la question de morale et d'honneur : c'est
sur elle que je vais insister.

Par un sentiment de respect, de pitié, je passerai sous silence des choses que
je dois savoir taire, ne voulant user de mon droit de légitime défense que dans
les limites les plus étroites, absolument nécessaires.

Ce qu'il me faudra dire, quelque peine que j'en doive éprouver, suffira pour
montrer qu'au milieu des attaques dirigées contre moi, mon honneur est resté
pur et qu'aucune atteinte, même la plus légère, n'a pu être portée à ma dignité
et à mon caractère.

Ai-je besoin d'ajouter que je n'avancerai rien dont je n'aie entre les mains les
preuves surabondantes ?

§ 1.

1867 : ma famille est mise en relations avec la famille Bréon ; — 1868 : nouveau séjour à Salins, Saint-Laurent-du-Jura ; — 1869 : faillite Banès ; — 1870 : majorité, guerre de 1870-71 ; — 1871 ; élections du 8 février, Bordeaux, Versailles, lettres ; — 1872 : actes respectueux, demande en séparation de biens, troisième pétition à l'Assemblée de Versailles, publications de mariage à Montbard, à Paris, à Versailles, opposition ; — 1873 : mariage, tentatives de réconciliation, arrêt Banès, scène de Montbard, demande en séparation de corps, demande en nullité de mariage ; — 1874 : jugement qui prononce la séparation de corps, quatrième pétition à l'Assemblée nationale, arrêt de Dijon, 8 juin, scène du cimetière ; — 1875 : audiences, plaidoiries, articles de journaux, jugement du 7 juillet.

En 1867, pendant un séjour à Salins (Jura), mon frère aîné fut mis en relation avec la famille Bréon, de Montbard (Côte-d'Or). Mon frère logeait au même hôtel que M. Bréon ; à la table d'hôte, il était son voisin ; il avait avec lui ses trois jeunes filles qui par leur gaieté attiraient l'attention de Mlle Bréon. Plus d'une fois le père de celle-ci invita mon frère à réunir sa famille à la sienne afin de faire ensemble des promenades en voiture. Mes nièces et Mlle Bréon étaient à peu près du même âge, elles avaient les mêmes goûts ; il n'en fallut pas plus pour faire naître entre elles une amitié qui, après le départ, donna lieu à un échange de lettres.

A la même époque, j'allai moi-même passer plusieurs jours à Salins. J'y fus de la part de M. Bréon l'objet de quelques prévenances. Il m'invita à aller le voir à Paris, où il se proposait de passer l'hiver.

Au printemps suivant je lui rendis visite ; il me reçut avec politesse. Mais il a semblé depuis ne garder aucun souvenir du caractère de ma démarche, encore moins de sa réception.

Il ne tarda pas d'ailleurs à témoigner d'un changement opéré dans son esprit à mon égard, car, dans deux lettres écrites le 30 juillet et le 3 août 1868, il pria mon frère d'intervenir pour faire cesser « mes démarches conjugales », l'assurant que sa fille ne voulait pas de moi.

Dans l'été qui suivit, une nouvelle saison d'eau à Salins réunit encore la famille Bréon et celle de mon frère.

Ce fut alors que ma mère fit pour moi à Mme Bréon la demande de la main de Mlle Marie, sa fille. L'accueil fait à ma demande par ces dames fut aussi sympathique que possible. Un événement imprévu allait d'ailleurs les confirmer dans leur résolution de donner suite au projet en question.

Peu de temps après, à la fin d'août et pendant tout le mois de septembre 1868, M. Bréon imposa à sa femme et à sa fille un séjour prolongé à Saint-Laurent-du-Jura : elles devaient y trouver, dans des promenades à travers les forêts de sapins, le complément des bons effets de leur récente saison d'eau de Salins.

Saint-Laurent est le centre et le lieu d'origine de la famille de mon père. Là Mme et Mlle Bréon étaient à la source même des renseignements. Elles ne se firent pas connaître ; on parla bien d'elles comme d'étrangères faisant un séjour pour raison de santé : mais aucun ami, aucun membre de ma famille ne fut mis en relation avec elles. Elles apprirent pourtant à connaître bon nombre de ceux qui me touchent de près. L'année précédente un incendie avait dévoré le village ; une église provisoire avait été installée chez une personne de ma proche parenté ; Mlle Bréon, fille pieuse et croyante, s'y rendait chaque jour pour demander à Dieu de ramener son père à des sentiments conformes aux siens. Elle fut ainsi témoin de la vie chrétienne de ceux qu'elle savait être mes parents et qui, à leur insu, l'intéressaient si fort.

Le contraste de la paix et de la joie qui régnaient chez les miens avec l'existence désolée que M. Bréon avait faite à sa femme, malheureuse victime d'une union sans amour, impressionna vivement Mlle Marie. Sa résolution fut dès lors inébranlable ; elle fut approuvée et encouragée par sa mère. Quelque temps après, en renouvelant son assentiment formel, Mme Bréon demanda seulement qu'on attendît quelques mois encore, promettant qu'au printemps 1869 je serais devenu son gendre.

Lié déjà par une vive affection, je me considérai désormais comme engagé d'honneur et je refusai, dès ce jour, d'examiner aucune des propositions d'établissement qui me furent faites, quelque brillantes qu'on me les représentât.

Le projet de mon mariage avec Mlle Bréon pouvait-il s'être noué d'une manière plus naturelle et plus honnête ?

Les choses en étaient à ce point lorsque, le 29 janvier 1869, survint à Paris la faillite de l'agent de change Banès. Cette faillite était pour la fortune de M. et de Mme Bréon un désastre, une catastrophe, ainsi que M. Bréon l'a souvent écrit et répété. Toute sa fortune mobilière et celle de sa femme, s'élevant ensemble à 1,072,000 fr., y étaient engagées. M. Bréon n'avait pas de titres réguliers en la forme. Les liquidateurs de la faillite refusèrent d'admettre sa créance au passif. Il dut entamer contre eux un long et laborieux procès. En dehors de leur fortune mobilière ainsi compromise, M. et Mme Bréon ne possédaient que des immeubles d'une valeur relativement peu considérable.

Quelques jours après cet événement, Mme Bréon me fit l'honneur d'une visite. Sous prétexte de me consulter sur les moyens à prendre pour sauver les débris de sa fortune et de celle de son mari, elle venait, par un sentiment d'exquise délicatesse, me rendre ma pleine liberté. Ma réponse fut aussi prompte que ma résolution était ferme : je lui déclarai que je demandais de nouveau, et avec plus d'insistance que jamais, la main de Mlle Marie.

Pourquoi ne le dirais-je pas, quelque invraisemblable que cela puisse paraître à une époque où l'argent et les richesses jouent dans les mariages un plus grand rôle que l'estime et l'amour ?

La perspective de la ruine re'ative du père de ma fiancée, loin de me causer le déplaisir qu'on pourrait croire, m'apparut au contraire comme une circonstance heureuse. J'espérais que ce père, bien persuadé désormais que ma poursuite était désintéressée, et avait pour mobile une affection profonde, n'aurait plus de raison de me refuser sa fille que je lui demandais pour elle-même et sans dot.

Sous l'empire de ces dispositions d'esprit, je multipliai mes démarches auprès du chef de famille. J'étais assuré du consentement de la mère, qui me prodiguait ses encouragements; j'étais fort des sentiments de Mlle Bréon, qui avait déclaré « qu'elle épouserait M. Paul Besson ou qu'elle n'épouserait « personne »; le seul obstacle à vaincre était la volonté du père. Il me sembla qu'à force de prières et de marques sincères de respect, de soumission, je finirais par en triompher. Je fis tout ce qu'il était possible de faire pour toucher le cœur le plus insensible.

Quatre années — 1869 — 1870 — 1871 et 1872 — se passèrent ainsi en efforts vains et stériles.

Je ne puis raconter les incidents qui remplirent ces longues et mortelles années. Mme Bréon, Mlle Marie et moi nous attendions, nous espérions ramener enfin M. Bréon, nous voulions croire qu'un jour il y aurait une éclaircie dans le ciel sombre. Mais dans cette attente indéfinie les mille détails que je passe sous silence, comme aussi d'autres faits plus graves, minaient peu à peu la santé de Mlle Bréon.

Le 18 juin 1870, Mlle Marie Bréon atteignit sa majorité. Désespérant de pouvoir jamais obtenir le consentement de son père, elle m'offrit de lui faire adresser des actes respectueux. Quelque soulagement que cette proposition pût apporter à ma peine, je refusai d'y consentir, disant que je saurais attendre tout le temps nécessaire pour éviter d'avoir recours à un droit si peu conforme aux usages de ma propre famille.

Hélas! je devais longtemps encore attendre la réalisation de mes vœux les plus chers, et j'allais être mêlé à des événements que j'étais loin d'avoir prévus.

Quand la guerre de 1870 eut amené l'invasion de la France, je partis comme simple soldat dans une légion des mobilisés du Jura. Mon bataillon prit part aux combats de Montrambert et de Dijon.

Les élections du 8 février 1871 m'envoyèrent à l'Assemblée nationale, le deuxième sur la liste des représentants du Jura.

Le 20 mars 1871, l'Assemblée nationale s'étant transportée de Bordeaux à Versailles, j'allai m'installer dans cette ville. J'avais conservé mon domicile légal à Paris, mais je demeurai à Versailles et je ne rentrai à Paris qu'à l'époque de mon mariage, en 1873.

Dans cet intervalle de vingt mois j'adressai à M. Bréon quatre lettres, qui toutes restèrent sans réponse, mais dont il prit entière connaissance.

La deuxième de mes lettres fut envoyée, en juin 1871, après les jours sanglants de la Commune. S'il ne me répondit pas, M. Bréon « avisa sa fille du peu de cas « qu'il faisait des suppliques de M. Besson et l'engagea à faire de même. »

Le 19 septembre 1871, j'avais cru pouvoir réitérer ma demande. Dans une lettre, la troisième que depuis la guerre j'écrivais à M. Bréon, je lui disais :

« Si cette nouvelle ouverture vous trouvait encore hésitant, je devrais savoir
« subir de nouveaux retards et attendre des temps plus propices. Mais pour-
« quoi attendre si vous croyez à mes sentiments et si mademoiselle votre fille
« les agrée?

« Pour obtenir créance auprès de vous je ne veux alléguer ni les avantages
« de ma position au barreau, ni l'honneur de mon élection à l'Assemblée na-
« tionale. Mon titre à vos yeux de père sera mon absolu dévouement pour la
« personne qui est l'objet à la fois de votre sollicitude paternelle et de mes
« vœux les plus ardents.

« Oserai-je ajouter qu'ambitionnant la main de Mlle Marie, c'est sa per-
« sonne et non pas sa fortune que je demande et que je désire conquérir? Les
« questions pécuniaires d'établissement, vous les déciderez seul, en père in-
« telligent et sage, qui veut le bien de son enfant. »

Je restai sans réponse ; mais M. Bréon, dans une lettre de menace, fit savoir
de nouveau à sa fille qu'il entendait rester seul maître du choix de son mari.
Voici les termes de sa lettre, moins ceux toutefois que la convenance m'oblige
à ne pas répéter :

« 2 nov. 1871. Ma fille,

« Je viens de recevoir une nouvelle lettre de Besson, qui doit, comme ses
« devancières, aller aux.... En cas de rébellion, je ferai usage de ma puis-
« sance.... Tu es avertie. Je te prie de me garder l'obéissance quant à ta des-
« tinée. Pour moi, condamné à être seul, c'est triste. Sur ce je suis ton père.

« *Signé* : P. Bréon. »

Le 6 novembre 1871, on m'écrivit :

« Votre lettre a trouvé M. Bréon aussi obstiné que jamais.... Mlle Marie
« se propose d'aller le trouver avec sa mère ; elle lui a écrit dans ce sens. Ob-
« tiendra-t-elle quelque chose auprès de ce fou obstiné? »

Le 15 novembre suivant, M. Bréon écrivait à sa fille commençant sa lettre
par ces mots : « Fille louve insurgée. »

Le complet insuccès de toutes mes démarches auprès de M. Bréon me dé-
cida à me renfermer dans une longue période de silence et d'attente. Mon
espoir était qu'un jour la réflexion, les conversations affectueuses de sa femme
et de sa fille, les conseils de nos amis l'amèneraient enfin à nous donner le
consentement que nous lui demandions depuis si longtemps.

J'eus le courage et la force d'attendre une année entière.

Cependant, le 12 janvier 1872, le Tribunal civil de la Seine consacra par un
jugement les droits de M. Bréon en ordonnant son admission au passif de la
liquidation Banès. Mais, comme M. Bréon l'a fait imprimer depuis, « les liquida-

teurs firent appel et tout fut remis en question. M. Bréon fut plus absorbé que jamais par les soins de ce procès. »

Après cette longue et douloureuse attente, sur le faux espoir que m'avaient donné des indices et des renseignements de dispositions meilleures, je tentai des démarches nouvelles. Le 14 septembre 1872, dans une lettre où je rappelais mes précédentes demandes, j'écrivis à M. Bréon :

« Vous prendrez pour l'établissement de mademoiselle votre fille telles dis-
« positions qu'il vous plaira et que vous jugerez bon de prendre, car je la de-
« mande sans dot, pour elle-même, pour sa personne, pour ses qualités et
« non pas pour sa fortune. J'aime à penser qu'elle-même se préoccupera peu
« des conditions pécuniaires de son établissement et que voulant, comme de
« droit, rester juge des sympathies de son cœur et de la liberté de sa personne,
« elle s'en remettra entièrement, pour tout le reste, à la sagesse de son père.

« Dans un siècle qui se préoccupe trop de fortune et d'établissement somp-
« tueux, il me sera particulièrement agréable de vous donner, ainsi qu'à ma-
« demoiselle votre fille, par un désintéressement complet, la plus grande
« marque d'estime et amitié qui soit en mon pouvoir. »

A la réception de cette lettre, M. Bréon manifesta l'irritation la plus vive. Un témoin m'en fit part en les termes suivants :

« Hier M. Bréon était furieux; aujourd'hui c'est plus fort encore.....Quel
« homme et quel langage! Mes oreilles en tintent encore et ma plume se re-
« fuse à vous en retracer le tableau même en raccourci.... Je ne puis que vous
« admirer et vous plaindre : admirer votre patience et votre dévouement, et
« vous plaindre d'avoir au cœur une blessure qui peut saigner longtemps
« encore. »

Après ces quatre années de demandes infructueuses, à bout de prières et d'efforts, je dus enfin comprendre que toute tentative nouvelle devenait inutile pour obtenir l'agrément de M. Bréon.

Cependant Mlle Marie, qui avait plus de vingt-trois ans, déclarait toujours « qu'elle m'épouserait ou n'épouserait personne. » Elle me répétait souvent :

« Je sais bien que vous voudrez m'attendre aussi longtemps qu'il le faudra;
« mais, croyez-moi : je connais l'obstination de mon père, cette attente sera
« sans fin; elle est pour moi un cruel tourment, où ma santé s'altère; per-
« mettez donc enfin que j'aie recours aux actes respectueux! »

N'avais-je pas déjà trop attendu, surtout trop fait attendre? Le malheur qui m'a frappé depuis me l'a, hélas! cruellement démontré.

Nous prîmes conseil de personnes graves, expérimentées, et il fut décidé entre Mme Bréon, sa fille et moi, que Mlle Marie ferait adresser à son père des actes respectueux.

« Ces actes (a dit l'arrêt de Dijon, 6 mai 1874), M. Bréon pouvait justement
« se reprocher de se les être attirés par les tyrannies de son autorité et ses
« torts domestiques. »

Sur l'avis du notaire qui en fut chargé, Mme Bréon se fit adresser à elle-même des actes respectueux, au domicile de son mari. On espérait qu'en présence d'une résolution ainsi manifestée, le père céderait enfin. On voulait surtout décharger la responsabilité de la pauvre mère, abreuvée déjà depuis trente ans de trop de douleurs et de trop de chagrins.

Cependant la situation loin de se dénouer allait être de plus en plus tendue. M. Bréon et Mlle Maria Lambeuf, unique sœur de Mme Bréon, allaient faire à cette malheureuse mère et à sa fille une position intolérable et pleine de péril.

Les actes respectueux furent faits à Montbard, au domicile de M. Bréon et en sa présence, les 30 septembre, 31 octobre et 2 décembre 1872.

Pendant cette période, Mme et Mlle Bréon ne pouvant pas rester à Montbard, se retirèrent à Saint-Sernin-du-Plain, chez Mlle Lambeuf. Notre projet de mariage déplaisait à celle-ci, dont il dérangeait les projets pour l'établissement de sa nièce. Cependant ces dames avaient cru pouvoir chercher chez elle un refuge qui ne leur avait jamais manqué dans le passé. Mais (comme M. Bréon le raconte lui-même dans son Mémoire à la Cour de Dijon, page 31), « Mlle Maria Lambeuf expulsa de chez elle sa sœur et sa nièce, et leur signi- « fia l'ordre d'expulsion par la main du garde champêtre. » Forcées de fuir, ces dames se retirèrent dans une maison servant à l'exploitation du domaine de Mme Bréon. M. Bréon les poursuivit dans cette retraite. Usant de son pouvoir d'administrateur légal de la communauté, il fit mettre en location, pour une durée de neuf ans, avec entrée en jouissance immédiate, les vignes du domaine et la maison qui servait de refuge à sa fille et à sa femme ; il eut soin d'apposer des affiches, et le 2 octobre il enjoignit au maire, afin d'expulser ces dames, de se faire remettre les clefs de la maison. « Je vous prie, monsieur « le Maire, de réclamer les clefs à Marie Bréon, fille de Jeanne Lambeuf, et « ce pour m'éviter de faire ouvrir. C'est de l'audace de ne pas les déposer. Que « ces clefs m'arrivent de suite. » Effrayées, allant être sans abri et ne sachant où trouver un asile, ces dames m'appelèrent en toute hâte à leur secours, par deux dépêches télégraphiques des 5 et 6 octobre, etc.; l'une disait : « Venez « immédiatement; » l'autre : « J'ai reçu l'ordre de remettre les clefs ; venez « nous délivrer. »

Qu'allaient-elles devenir? Mlle Marie pouvait rentrer au Sacré-Cœur, où elle avait été élève ; mais sa mère n'aurait pas pu l'y suivre. D'ailleurs que n'aurait pas dit M. Bréon si un couvent avait abrité sa femme et sa fille pendant la période des actes respectueux ?

En même temps qu'elles m'appelaient par dépêches, ces dames étaient allées consulter un avocat d'Autun. Cet homme d'affaires, initié depuis vingt ans aux peines de Mme Bréon, n'avait pas hésité à conseiller d'ouvrir une double action judiciaire, l'une en interdiction, l'autre en séparation de corps.

Déjà, en 1851, Mme Bréon avait formé une demande en séparation de corps, mais elle l'avait abandonnée à la suite du pardon qu'elle avait cru devoir accorder en considération de sa fille âgée seulement de trois ans.

Sur mes propres conseils, Mme Bréon se contenta de former une demande en séparation de biens, fondée sur la faillite Banès, au sujet de laquelle M. Bréon plaidait depuis 1869. En tout état de cause, cette demande offrait l'avantage d'assurer provisoirement un abri à la mère et à sa fille.

Il faut le dire ici, pour n'avoir pas à y revenir : la demande en séparation de biens, confiée à un avoué de Semur, et instruite par lui, fut introduite à la date du 15 octobre 1872. Le 29 mai 1873, le procès Banès fut gagné par M. Bréon. La demande en séparation de biens n'étant plus fondée, Mme Bréon l'abandonna; mais à cette époque notre mariage avait eu lieu depuis cinq mois. Le jour même de sa bénédiction, le 6 janvier 1873, Mme Bréon s'était installée chez moi; elle avait désormais un asile chez ses enfants, son gendre et sa fille.

Cependant M. Bréon, qui ne sait guère renoncer aux projets de vengeance, imagina de porter plainte contre moi et de me dénoncer à l'Assemblée nationale.

Déjà, le 23 mars 1871, il avait adressé une première pétition à l'Assemblée. Le 7 septembre de la même année, il en avait envoyé une deuxième. M. le rapporteur avait parlé « des nombreuses divagations du pétitionnaire » et l'Assemblée nationale était passée à l'ordre du jour.

La troisième pétition fut surtout dirigée contre moi. Elle est très-longue, elle mêle à beaucoup de noms propres des récriminations haineuses; il n'est possible d'en citer que le commencement et la fin. Ces citations suffiront d'ailleurs pour faire connaître l'état d'esprit de celui qui venait d'écrire cette pétition tout entière de sa main.

3e PÉTITION DE P. BRÉON, DE MONTBARD

A L'ASSEMBLÉE NATIONALE.

23 nov. 1872.

Coup d'État. Article 68 de la Constitution. Ma mise hors la loi depuis cette époque, alors que par la mort de trois enfants ma tête était en ébullition, obligé pendant quinze ans de me mettre la tête sous ma pompe. Tortures uniques. Jamais un semblable cas ne s'est présenté.

Mercuriale Renouard : la loi prime...; Bréon : la supercherie prime la loi, puisque je suis depuis le coup d'État toujours capot avec l'as d'à-tout. C'est de commune renommée.

Montbard, 24 septembre 1861; Paris, 15 septembre. — M. Odinot à Banès : M. Bréon, absent, veuillez créditer le compte de M. Bréon.

Banès à M. Odinot accuse réception et crédite. Banque de France. 30 janvier 1868. Crépey, agent de change, 41 986 fr. à porter au crédit de Banès. Pour acquit, Alotte. Alotte était caissier et de plus fondé de pouvoir par circulaire lors de l'entrée en fonctions de Banès.

Tout est désordre dans notre malheureux pays.

Anarchie complète. — J'ai demandé à la dernière Chambre de l'Empire le remplacement des liquidateurs Banès, des poursuites...., ensemble tous mes déboursés et dommages. Déni de justice.

On veut me mener en Cassation.

Qu'un juge d'instruction m'interroge si je suis tombé trois fois sous les chevaux en allant à la recherche de mes titres, le 18 décembre 1871. Ma chute dans une excavation a fait commencer une congestion cérébrale. Je l'ai repoussée et suis apte à donner à la justice tous renseignements pour empêcher le ridicule spectacle d'hommes qui se placent au-dessus des lois par leur audace.

Oui, messieurs, le droit doit primer les supercheries ridicules.

Certificat de deux versements de 10 000 fr. chaque, faits à Banès, agent de change, à Paris, en deux fois, 20 000 fr.

Je soussigné certifie avoir fait verser :

1° Fin juin 1861, à la caisse de l'agent de change Banès et pour le compte de M. Bréon, une somme de dix mille fr. ;

2° Fin décembre de la même année, une même somme chez le même agent ;

. . . .

. . . .

. . . .

. . . .

. . . .

. . . .

. . . .

J'ai reçu, le 15 octobre dernier, une demande en séparation de biens, formée par Paul Besson, député, au nom de Jeanne Lambeuf. Je dis Paul Besson, car il est venu à Montbard faire des génuflexions. Mon grand-père, mort à quatre-vingt-huit ans, allait tous les jours à la messe. J'ai toujours eu confiance à ses principes. Ceci dit, messieurs, je viens, au nom de la morale outragée, porter plainte contre ce monstre, car sa conduite ne mérite que ce nom, en présence des faux de cette assignation. Vous voudrez bien descendre dans le fond de vos cœurs et vous mettre à ma place.

Des personnes de ma connaissance m'ont fait épouser, le 13 novembre 1843, demoiselle Jeanne Lambeuf. Le contrat a été passé le matin. Nulle note n'a été présentée. J'ai stipulé loyalement. La future a eu 30 000 francs avec défense d'en disposer. J'ai donné 10 000 francs de bagues et de joyaux. J'étais donc volé sous tous les points. La mère est venue à Montbard passer huit jours et a ramené sa fille. Ma mère, décédée peu de temps après (24 février 1844), de dire à ses voisins : « Mon fils est perdu ! ! ! » Oui, messieurs, comme vous allez le voir, une fille est venue au monde au domicile de Jeanne Lambeuf, elle est décédée au bout de vingt jours ; un fils, idem, mort au bout de vingt jours. Jugez de ma douleur. Feu le docteur Canat de me dire : « Si tu veux conserver tes enfants, il ne faut pas les laisser à la maison Lambeuf. » Le Code, d'ailleurs, est formel ; la femme ne doit pas avoir d'autre domicile que celui de son mari. Mme Tétard, sage-femme, de me garantir l'existence de mes enfants s'ils venaient avec le chancre blanc. Deux enfants sont nés à Montbard ; avec un cataplasme ils ont été sauvés.

J'ai le malheur d'être nommé syndic avec M. Odinot. Jeanne Lambeuf me supplie de lui confier mes enfants pour un mois. J'ai eu la faiblesse d'y consentir. Elle est restée une année. Mon fils y est mort. J'arrive, et au moment d'entrer chez les parents de Jeanne Lambeuf, j'apprends sa mort ; je recule avec horreur, les maudis et promets de ne jamais rentrer au pays. J'ai tenu ma parole, messieurs, est-ce un crime ?

La mère ramène sa fille, je refuse de la recevoir, on me fait un procès en séparation, on intervient et je consens pour la fille à recevoir la mère. Je ne veux pas, messieurs, entreprendre de vous faire connaître les douleurs que j'ai éprouvées. Ma cervelle a été longtemps en ébullition. Pendant près de quinze ans, j'ai dû, à chaque instant, me mettre sous ma pompe. Douches. Sueur rentrée, qui me donne à chaque instant des crampes d'estomac. Souffrir sans espoir de guérison, c'est ce que je dois à Jeanne Lambeuf pour n'avoir pas suivi ses serments malgré son incapacité.

Son père meurt. On me fait un procès pour recueillir sa succession. Ce n'était pas pour contester l'avantage fait à la mère. J'envoie une procuration. La mère meurt après avoir fait un partage. Je ne conteste rien. Je donne à Jeanne Lambeuf ma procuration. Dans le lot de Jeanne Lambeuf se sont trouvées deux petites propriétés, l'une où le bâtiment-pressoir était indivis. Le Conseil de la famille m'a dit de le vendre ; j'ai obéi. L'autre petite propriété de 600 fr. de revenus, trois quarts d'un moulin, trois quarts d'étang ; j'ai voulu acheter ; j'ai correspondu ; bref, désirant remplacer, je me suis rendu sur les lieux ; le propriétaire indivis absent, j'ai dû attendre, mais pendant ce temps la femme est décédée, laissant des enfants en bas âge. J'ai donc dû charger les Conseils des Lambeuf de régler. Ces ventes faites, j'ai réparé à grands frais un bâtiment pourriture; et comme on me disait de vendre un pâtis inutile, puisque Jeanne Lambeuf ne voulait pas charger quelqu'un de remploi, je me suis bien gardé de le vendre. Comme l'a dit ma mère : « Mon fils est perdu ! » n'ayant jamais été libre.

Je mets ma fille à l'école laïque de Montbard. A Dijon, également à l'école laïque. Une maladie se déclare à Dijon. Je me dirige à Paris avec la ferme intention de la placer dans une pension laïque. Avec Mme Bréon, c'était une bonne mesure. Il faut de la conciliation et j'ai la faiblesse de la conduire au Sacré-Cœur. Je ne dirai rien contre cette Maison de contraire à la vérité. J'y suis toujours entré comme redoutant un éboulement sur ma tête. Toujours Mme la Supérieure. Enfin, c'est la suppression de la puissance paternelle par des rameaux souterrains. De semblables congrégations doivent être proscrites. J'ignore ce que l'on a enseigné à la fille de Jeanne Lambeuf, mais ce que je peux attester c'est son orgueil et audace à mentir. Protester à son père de son respect à ses volontés, ne lui avoir jamais parlé de propositions de mariage, alors qu'elle lui répétait sans cesse pour garant de ses allégations mensongères qu'elle ne souffrirait jamais qu'on dépouillât son père, elle, fille du Sacré-Cœur (pour l'intelligence). M. ⋅⋅⋅ m'avait recommandé un jeune homme; le père désirait être maître de tout; il aurait même voulu rendre visite à la tante. Avec quelle audace elle a repoussé cette proposition, donnant, comme le charretier embourbé par roulement, le Sacré-Cœur pour garantie. Elle se fait annoncer par mon vieux domestique qui lui avait rendu visite chez sa tante, pour fin du mois de septembre, sauf pour passer l'hiver dans le Midi par motif de santé. Le 24, elle est fille soumise, et le 30, elle envoie une sommation à son père. La dernière des prostituées de Paris n'aurait pas sommé son père sans, au préalable, lui avoir demandé conseil. Le futur, dont l'âge est avancé, c'est Paul Besson, que l'on dit âgé de quarante-six ans et plus. Sur la pièce, c'est un mystère.

L'assignation Besson dit que je suis un joueur; que j'ai compromis les successions de Jeanne Lambeuf; qu'après avoir perdu 300 000 francs chez ..., j'ai même vendu mon argenterie pour jouer; que, non content, j'ai confié à ..., et que les liquidateurs Banès contestent mon admission à l'actif de la charge (les biens de ce monde étant tout le souci d'un congréganiste); que mon administration était déplorable; que j'avais vendu mes propriétés et que je voulais vendre ma forêt de Chaumour, amodier les biens de Jeanne Lambeuf contrairement à l'usage, alors qu'elle gérait avec sa fille.

De suite une observation : sous prétexte d'aller chez la tante, Jeanne Lambeuf que j'ai dénoncée ainsi que l'ouvrière Boussard pour avoir en 1867 concerté une partie où devait se trouver un jeune magistrat, alors que M. le docteur .... de Vichy m'avait recommandé de ne pas la marier avant vingt ans, conspire tout à son aise.

Mme Bréon, avec sa liaison avec la fille Boussard, m'était signalée comme à surveiller. Perdant la vue, j'entends une voiture dans la cour, je m'informe, la fille Boussard de me dire : « c'est du bois. » Je descends. Oui, messieurs, c'était du bois contenant du vin. Je remonte pour ouvrir la porte et annoncer que je ne voulais plus de fille Boussard à la maison. Ce détestable vin destiné à mon domestique de vingt-neuf ans, celui qui dirige la maison, je l'ai fait publier immédiatement et disparaître. Un autre envoi, au Couvent. La fille de Jeanne Lambeuf m'annonce l'arrivée de deux pièces de vin; envoi qui n'était pas à l'usage. J'ai dit à Mme l'Économe : « Vous l'aurez gratis. » J'ai envoyé M. ⋅⋅⋅, alors juge de paix, auprès de la tante pour la prévenir de ma triste position. Elle a promis surveillance, en présence de M. ⋅⋅⋅. Aussi grande a été ma surprise, lorsqu'a commencé la sommation.

1867. Mme Bréon qui avait abusé de ma confiance, je me suis trouvé contraint d'accompagner Marie Bréon aux eaux de Salins (Jura). J'étais sous la venue de la cataracte, position pénible; je fais rencontre de Vital Besson qui était aussi dans l'Établissement. Je lui confie mes peines, en présence de ma perte de vue. Il connaît donc ce qu'on peut obtenir de Jeanne Lambeuf.

1868. — Je suis contraint de prendre un logement à Paris. Je choisis rue des Écoles, 68. Je réclame les soins d'une personne âgée, car Mme Bréon ne m'a jamais reconnu la cataracte, mais un défaut de hardiesse. Voilà, messieurs, Jeanne Lambeuf. Je lui ai fait défense pour vêtement, car ayant fait une chemise, on a été contraint d'ajouter pour le côté et le bas.

Cette rue, peu fréquentée, pour avoir vu mon grand-père, en suivant avec mon bâton le trottoir, je me rendais boulevard Saint-Michel, sur un banc à l'angle gauche. Un beau jour Paul Besson vient me trouver, me ramène à la maison pour m'of-

frir dans ma triste position ses services. Je les ai repoussés avec empressement. Jour
néfaste ! Je ne pensais pas me trouver plus tard aux prises avec ses pensées néfastes.
J'allais partir pour Dusseldorf, lorsque par son concours je reçois sans doute une circulaire congréganiste. Sur ce je le reconnais l'homme. Je recouvre la vue le 10 juillet,
et comme il faut du calme, je prie Mme la Supérieure de me procurer une personne
pour accompagner Mme Bréon et sa fille. Le Couvent me procure donc une Dame.
Mais, le croiriez-vous, messieurs les Députés, les dépenses de toute nature se sont
élevées cette année à près de 8000 francs. Moi que l'on accuse d'avoir vendu mon argenterie ; oui, messieurs, deux ou trois couverts défectueux et quelques tasses inu-
tiles, pour donner du pain aux pauvres ; Paul Besson, dans son assignation, dit jouer.
C'est donc une fausseté comme tout le reste. Voilà sa religion.

1869. — Je rentre à Paris, fais des offres sur ma propriété rurale et sur un bâtiment.
Un matin on vient m'annoncer le désastre Banès. Privé de ressources par la cachette
de mon titre nominatif de soixante-huit obligations Châtillon et Commentry, je fais
sortir Marie Bréon avant Pâques, la pension payée jusqu'à cette époque. Elle est allée
à Montbard et chez sa tante, la croyant bien en sûreté. Je l'avais chargée d'adminis-
trer les propriétés, pouvoir que je ne voulais pas donner à Mme Bréon, car son intervention c'était le désordre. Le fermier de Dracy est parti nuitamment, laissant deux
années de fermage avec perte sur perte.

Invasion. — Les événements arrivent. Retenu par ma réclamation Banès, avec mon
état maladif de tête, je tombe trois fois sous les chevaux, et le 18 décembre 1871 je
me trouve dans une excavation. Je repousse la congestion cérébrale. Me voilà débar-
rassé, heureux de penser à ma fille, ma planche de salut, puisque mes trois autres enfants sont à Saint-Sermin-du-Plain.

Je reçois, jour néfaste, une lettre de Paul Besson. Il me parle de mariage. Je la
reçois avec mépris. Je me contente d'en parler à mon domestique qui me rapporte les
dire de Mlle Maria Lambeuf et avec les protestations de Marie Bréon de ne jamais dé-
sobéir à son père. Quant à Mme Bréon, c'était toujours « nous avons le temps. » Une
seconde, je ne la lis pas, l'ayant reconnue à son écriture.

Un soir M.··· vient me dire : « Vous ne mariez donc pas Marie? On dit qu'elle veut
se faire religieuse. » Cela dépend d'elle. Sorti, je m'empresse de dire à mon domestique : « Il y a quelque chose. » Le lendemain je le rencontre et lui annonce une troisième que j'allais détruire sans en avoir pris connaissance, et comme il me la demande, il éprouve un refus. J'en prends connaissance et je vois la visite à M.···.

De ceci, messieurs, il résulte un enseignement extrêmement grave et qui mérite
toute votre attention. J'ai confié ma fille, reste de quatre enfants, à une Maison religieuse et j'ai perdu pour cela la puissance paternelle. La fille honnête qui doit secourir
son père infirme, d'après les principes religieux de tous les peuples, dire qu'elle est
exempte de tout et ne doit obéissance seulement à la Congrégation. Dans l'espèce, un
marché, comme vous allez le voir, au Couvent. Par les ramifications ténébreuses ma
planche de salut me serait retirée? Non, messieurs, notre pays serait une pourriture.
C'est à vos consciences que je m'adresse.

M.···, l'un des honorables vice-présidents du Tribunal de la Seine, après le désastre Banès, me dit un jour : « Monsieur Bréon, il faut que je marie votre fille avec
une personne de ma connaissance. » Je lui ai demandé si elle serait heureuse. Sur sa
réponse affirmative : « Monsieur, je vous promets d'écrire à Mme Bréon pour lui annoncer la visite de la personne. » Les père et mère me confirment dans la bonne
chance de ma fille. Ce projet n'a pas réussi et, comme je l'ai reconnu de suite il fallait passer par Mme la Supérieure. Un tel état est la mort de la famille. Prenez donc
des mesures, messieurs, puisque le mal est si visible.

Si je n'ai pas accompagné ma fille à Salins, en 1868, aveugle et ne pouvant me livrer aux courses, pour me remplacer d'une manière bien sûre, c'est à Mme la Supérieure que j'ai dû, pour éviter tous dires, m'adresser C'était triste, mais indispensable,
après la promenade dont faisait partie un jeune magistrat, alors que le médecin avait
expressément recommandé de ne pas marier la fille de Jeanne Lambeuf. avant
vingt ans.

Ma confidence Vital Besson a été le point de départ des conciliabules de Jeanne Lambeuf et la famille Besson. Mlle Maria Lambeuf ayant une maison d'hiver à Châlon les
conventions ont été de suite formulées. Il n'y avait point d'efforts. Jeanne Lambeuf a
reçu la promesse d'interdiction de son mari. Ceci se trouve dans la demande de séparation avec les ruses que donne l'expérience. Mlle Bréon n'est plus mineure, mais

elle l'était en 1868, 1869 et 1870, jusqu'au 18 juin. C'est donc avec confiance, messieurs, que Bréon-Guérard réclame votre intervention au nom de la morale outragée par les faits et gestes de Paul Besson, député. Il doit être tout à l'honneur comme la femme de César, il ne doit pas être soupçonné et je le rencontre la main dans le tiroir.

Mlle Maria Lambeuf est riche, c'est ce qui produit le zèle religieux de Paul Besson. Sa famille, la première, aurait dû lui dire : « Mais c'est votre fille et vos moyens sont réprouvés. »

Le Code civil règle l'état social des Français. Vous allez voir les faits et gestes de Paul Besson. Ma mère, qui a annoncé que son fils était perdu, a jugé de suite le néant et les misères que lui ferait Jeanne Lambeuf. Paul Besson a donc promis de faire disparaître le Code. De plus, dans son état de santé, en ne lui laissant ni trêve ni repos, c'est l'abandon ou la mort. Cette appréciation est de toute vérité médicale. Un tel cas ne peut se mettre, comme dans le cas présent, au grand jour sans soulever la réprobation publique.

Paul Besson commence par le contrat de mariage, mais il ne montre pas sa déloyauté. Il dit que : — Jeanne Lambeuf a eu la faiblesse de vendre deux propriétés. Je vous ai donné, messieurs, la clef, ayant produit, d'après les actes, 40 000 francs et des successions de 260 000 francs; au total : 300 000; — que M. Bréon s'est livré à des spéculations et que tout a disparu; — qu'il a englouti chez l'agent de change. Dans la triste position de santé où m'a placé Jeanne Lambeuf par la mort de mes enfants, obligé de me placer sous ma pompe, j'ai dit à M. ···, fils du Maire : « Soyez agent de change; je vous fournirai des fonds. » J'ai donc versé. J'ai retiré des revenus considérables. Mais il y a eu un vol du caissier. J'ai dû rapporter. . . . .

. . . . Que, pour réparer mes pertes, j'ai confié à ..., qui sont perdus et que pour le surplus les liquidateurs sont en appel. Je n'ai pas eu de chance, il est vrai; mais mes fonds perdus ont été mis dans la charge de Banès comme dans celle de .... et avant le vol du caissier. Si j'ai encore mis, ne pouvant ni avancer ni reculer avec Mme Bréon, je n'ai pas joué. Si j'ai laissé mes titres chez Banès, c'est encore à Mme Bréon que je dois ce contre-temps. Inquiet de mes valeurs, je m'étais procuré un coffre-fort à l'usage de ma tête. Oui, messieurs, il faut avoir été éprouvé comme moi. Je vous ai donné mes pièces à Banès. J'ai réclamé, lors de l'Empire, des poursuites contre les liquidateurs, contre ces hommes. On a gardé le silence : c'est un déni de justice, contre lequel je réclame également votre intervention. Vous voyez, messieurs, ce que le Coup d'État m'a causé de tortures. Je vous recommande une nouvelle pi ce que vient de me remettre M. le Juge de paix de Montbard. Elle se trouve sous la couverture de la présente pétition, à l'intérieur.

Le Tribunal m'a donné gain de cause. Le Ministère public a conclu en ma faveur. Mes défenseurs qui ont agi sans ma participation, ma tête remise au net, je leur ai préparé un travail. Vous le voyez, toute la question réside dans des supercheries. C'est triste. Si l'on peut dire que les envois faits à Banès sont à son insu, c'est une farce qui m'a causé les plus grandes tortures. Oui, ma perte sera augmentée puisqu'il me revient plus d'un million par mes titres disparus. Titres toujours prêts pour rachat. On voudrait me faire subir la perte entière, suivant l'usage titres vendus à la charge.

Paul Besson dit que pour jouer j'ai vendu mon argenterie. Oui, deux ou trois couverts défectueux. C'est donc une farce, alors que je faisais grâce à mes fermiers en cas de grêle. Paul Besson dit que j'ai vendu mes domaines et que je veux vendre ma forêt et maison. Jeanne Lambeuf, tant qu'elle ne sera pas nantie, a hypothèque.

Paul Besson demande une défense d'amodier les biens de Jeanne Lambeuf, l'autorisation pour elle de résider provisoirement à Couches; c'est la destruction du Code civil.

Voici mes conclusions :

Attendu que le Code civil est la loi des Français; que la femme doit résider avec son mari, qui veut à juste titre abandonner Montbard où il est hors la loi;

Et attendu qu'elle se plaint de ne pas avoir ses titres en sécurité;

Plaise au Tribunal :

Commettre le notaire ···, à l'effet de procéder à un rachat d'immeubles de triple valeur de ceux par elle vendus; — de faire exactement le rachat de rente 5 p. 100 au lieu et place de celles dont Bréon ne pourra justifier la conservation. . . . . . .

. . . .

La condamner en outre à tous les dépens pour avoir fait scandale par l'insertion dans les feuilles publiques.

J'attends avec confiance, messieurs, sur mes derniers jours, justice et réparation de ma mise hors la loi pour avoir obéi à l'article 68, comme vous le voyez par les articles ci-dessus et tous ceux non encore désignés, mais qui le seront à la Commission que vous voudrez bien nommer. Le croirez-vous ? Il est de toute impossibilité de réparer, reconstruire à mes frais un chemin rural de plusieurs kilomètres. Le croirez-vous, messieurs, moi qui ai donné mon pain aux malheureux lors des grandes eaux, on a refusé de me cuire mon pain de la maison !

Je suis, messieurs, avec respect, votre dévoué serviteur.

Signé : P. Bréon.

Dans les très-longs développements qu'il ajoute, croyant utile de raconter les divers événements de sa vie, M. Bréon parle de huit procès civils qu'il a tous perdus. Il reproduit une grande partie des pièces qui s'y rapportent. Il parle surtout des pertes considérables qu'il a faites dans la faillite Banès. Nommant les adversaires qu'il a eus et les juges qui l'ont condamné, il lui arrive de dire :

« Morale. Il est juste que les héritiers.... m'indemnisent de vingt mille francs « chacun.

« M.... est riche. C'est un décoré. Il est juste qu'il répare cent mille francs « et chaque conseiller cinq mille francs, pour avoir sciemment attesté une « chose contre la vérité. »

Dans son rapport, dont j'ai pu obtenir qu'il adoucît les termes, M. le comte de Kergorlay avait-il raison de dire que « les récits du pétitionnaire, auss « confus que prolixes, portent la trace évidente d'un véritable égarement d'es- « prit? »

Je dus comparaître devant la Commission chargée de l'examen de cette Pétition et fournir les explications qui me furent demandées. L'Assemblée tout entière en eut connaissance. On me plaignit beaucoup et l'on plaignit surtout la pauvre femme et la jeune fille dont on entrevoyait les infortunes et les longues tristesses.

Le 2 décembre 1872, le notaire qui venait de faire le troisième acte respectueux, m'écrivit :

« J'ai trouvé M. Bréon de plus en plus déraisonnable. Vous devez nécessai- « rement arriver à l'interdiction.... Vous êtes menacé d'une dénonciation à « la Chambre des Députés....Je trouve que vous avez eu trop de ménagements « pour M. Bréon, qui aurait dû être sommé beaucoup plus tôt. »

Quelques jours après, le même notaire m'écrivait encore :

« A mon avis, ce pauvre M. Bréon doit être interdit le plus tôt possible, « avant qu'il ait pu faire quelque acte insensé d'administration. »

Pouvions-nous conserver le moindre espoir de changer les dispositions de M. Bréon à notre égard? Et pourtant nous voulûmes encore, après l'accomplissement du dernier acte respectueux, faire un suprême appel au consentement de ce père obstiné. Le 3 décembre 1872, Mlle Marie lui écrivit la lettre que voici :

« Mon cher père. Je vous prie de vouloir bien accueillir avec bonté la lettre
« que je vous envoie. Veuillez croire que votre fille n'a jamais cessé de vous
« aimer et qu'elle éprouve en son âme des sentiments de piété filiale qui vous
« toucheraient si vous les connaissiez bien.

« Il m'en a coûté, mon père, de vous adresser les actes respectueux que
« vous avez reçus, mais je puis bien dire que c'est vous qui m'avez amenée à la
« dure nécessité d'user de mes droits. Je ne me suis décidée à vous envoyer
« les actes que lorsque tout espoir de vous convaincre avait cessé pour moi
« depuis longtemps, et que j'ai compris le danger que, par votre refus obs-
« tiné, couraient ma santé et mon bonheur.

« Aujourd'hui vous connaissez ma résolution inébranlable. Ne consentirez-
« vous donc pas à mon projet de mariage? Je vous l'assure, ma santé en dé-
« pend et mon bonheur est à ce prix. Faudra-t-il donc que pour sauver l'un
« et l'autre, je me voie retirer l'affection d'un père? Non., mon père,
« vous vous laisserez toucher et vous consentirez à mon projet de mariage
« avec M. Besson.

« Croyez bien que ce monsieur vous aime, qu'il a pour vous comme pour
« maman et pour moi des sentiments de vive affection.

« Je ne puis vous dire combien il est bon et combien il est attristé de votre
« refus.

« Consentez donc à l'avoir pour fils, puisque je dois l'avoir pour mari. Je
« frappe à la porte de votre cœur; que ce cœur de père se montre bon pour
« sa fille et que notre famille soit désormais heureuse dans l'union de tous
« nos cœurs.

   « Recevez, mon père,
       « *Signé :* Marie BRÉON. »

Le lendemain, de mon côté, j'écrivis à M. Bréon :

« Monsieur. Je viens faire un nouvel appel à vos sentiments de père et vous
« demander à nouveau votre consentement au mariage que j'ai projeté de con-
« tracter avec Mlle Marie, votre fille.

« Vous vous rappelez, Monsieur, que depuis deux ans j'ai renouvelé sou-
« vent ma prière. Je vous ai conjuré de ne pas combattre l'amitié si tendre et
« l'amour si ardent qui unissaient nos deux cœurs.

« Je crois vous avoir donné des preuves irrécusables de mon attachement
« désintéressé qui demandait et demande encore la personne et non pas la
« fortune.

« Votre refus obstiné a pu seul nous amener à la dure nécessité d'user en-
« vers vous des moyens légaux. Notre résolution est inébranlable autant que
« la vôtre a pu l'être. Les actes respectueux ont été faits, les publications ont
« eu lieu; la loi reconnaît notre droit absolu. J'ose dire que je ne suis pas
« indigne de devenir votre fils, aimant votre fille comme je l'ai aimée et comme
« je l'aimerai toujours; laissez-vous enfin toucher.

« Consentez à une alliance qui sera pour le bonheur de toute votre famille.

« C'est avec les sentiments d'une profonde déférence que je veux être votre
« gendre. Prenez-moi comme un fils affectueux, ne me dédaignez pas comme
« un étranger; encore moins ne voyez pas en moi un ennemi. Non, non,
« monsieur Bréon, croyez à mon amitié et à mon désintéressement, et accor-
« dez-nous ce que nous vous supplions de nous accorder.

« Oublions tout ce qui a pu nous désunir; ne pensons qu'à être unis dans
« une vive et profonde amitié; vivons désormais comme une famille heureuse
« de voir tous ses membres réunis dans une étroite affection.

« Je prie M. M..... de vouloir bien vous remettre cette lettre. Son carac-
« tère, sa bienveillance disposeront votre cœur à accueillir favorablement
« l'ardente prière que je vous adresse.

« Veuillez agréer, Monsieur, que je voudrais bientôt appeler du doux nom
« de Père, l'assurance de mon profond respect et de mon profond attachement.

« Signé : Paul BESSON. »

Mais loin de s'apaiser, M. Bréon allait se laisser emporter aux derniers
excès.

Les publications avaient eu lieu à Montbard, les 24 novembre et 1er décembre 1872, et le Maire de cette ville avait fait parvenir à Mlle Bréon le
certificat de publications et de non-opposition, portant la date du 4 décembre
suivant.

Les publications eurent lieu à Paris, à la Mairie du VIe arrondissement,
les 1er et 8 décembre 1872.

Vers cette dernière époque, il fut question à Versailles d'une suspension des
séances de l'Assemblée pendant quinze jours, à l'occasion des fêtes de Noël
et du premier de l'an. Jusque-là nous avions supposé que le mariage aurait
lieu à Paris. Les députés devant être absents du 23 décembre au 6 janvier, il
nous vint la pensée de faire le mariage à Versailles. Je le pouvais, car j'y
avais ma résidence depuis le 20 mars 1871. A Paris, je n'aurais guère pu éviter de rendre un grand nombre de personnes témoins de mon mariage, auquel n'assisterait pas sans doute le père de ma fiancée; au contraire, pouvoir
dire que je me mariais à Versailles, pendant la prorogation, me dispensait
de toute invitation. Je demandai donc au Maire du VIe arrondissement de
Paris un certificat de publications et de non-opposition, qui porta la date du
11 décembre 1872, et je fis faire à Versailles de nouvelles publications, les 15
et 22 décembre suivants. Le parquet consulté n'hésita pas à dire que je pouvais y contracter mariage, car j'avais, et bien au delà, le domicile de six mois
dont la loi se contente. Sur la recommandation expresse qui me fut faite à la
Mairie, je dus y faire la remise des différentes pièces huit jours avant le mariage, fixé au 3 janvier 1873.

Cependant M. Bréon, qui allait faire opposition au mariage, avait résolu,
paraît-il, pour mieux témoigner de l'humeur de son caractère, d'attendre
jusqu'au dernier moment pour en arrêter la célébration.

Le 31 décembre 1872, en rentrant de Versailles à Paris, je trouvai à mon domicile légal la notification d'une opposition que M. Bréon venait d'y faire signifier la veille entre les mains du concierge.

La notification portait qu'une opposition était formée à Paris entre les mains du Maire du VIe arrondissement et à Montbard entre les mains du Maire par des copies séparées, dont l'une pour le Maire, l'autre pour Mlle Marie Bréon, absente de son domicile légal.

Ces oppositions ont-elles eu lieu comme la notification l'indiquait? Cela est probable, mais nulle autre preuve ne nous a jamais été donnée.

Aucune opposition d'ailleurs n'était annoncée, ni aucune ne fut faite entre les mains du Maire de Versailles.

Dans ces circonstances, nous ne crûmes pas devoir nous arrêter devant la notification que j'avais reçue. Plus loin on verra les raisons qui nous ont déterminés à agir de la sorte.

Nous ne fîmes pas de contrat de mariage. Plus loin encore on lira les motifs.

La formalité civile du mariage eut lieu, le 3 janvier 1873, à la Mairie de Versailles. Mes amis, MM. Chesnelong et Lucien Brun, députés, devaient être nos témoins ; mais ils durent profiter de la prorogation pour retourner dans leurs familles, l'un à Lyon, l'autre à Orthez ; ils m'exprimèrent par lettres leurs regrets affectueux. Nos témoins furent d'autres amis, MM. E. Keller, Merveilleux-Duvignaux, Baragnon et Paul Cottin, députés. Mme Bréon était présente. Nous n'eûmes aucun autre témoin de la célébration.

La bénédiction du mariage eut lieu à Paris, en l'église Saint-Sulpice, le 6 janvier 1873. Mme Bréon et mes trois frères y assistèrent seuls. L'un de mes frères bénit le mariage, les deux autres en furent les témoins. Mon beau-frère, retenu par un deuil cruel, n'avait pas pu venir ; la mort d'un de ses enfants, en nous privant de sa présence, avait retardé la cérémonie. Nous avions dû la demander à Paris, car le 6 janvier était à Versailles le jour de la reprise des travaux de l'Assemblée.

En évitant toute solennité et toute invitation soit à la Mairie, soit à l'Église, nous avions voulu montrer une sorte de deuil, à cause de l'attitude hostile de M. Bréon.

Dès le 6 janvier, Mme Bréon s'installa chez moi. Désormais Marie et moi, inséparablement unis et vivant en famille avec notre mère, nous n'eûmes plus qu'une pensée : prouver à M. Bréon, par toutes les démonstrations en notre pouvoir que s'il nous avait contraints à demander protection à la loi contre les excès de son autorité, notre plus ardent désir était d'amener entre lui et nous une réconciliation sincère et durable.

A cet effet, Mme Bréon se rendit à Montbard pour entretenir son mari du bonheur de leur enfant. Mais M. Bréon la reçut très-mal, et comme « elle « lui demandait s'il voulait recevoir ses enfants, il répondit ces seuls « mots : Madame, je n'ai plus d'enfants. Ne me parlez pas de ce Besson. »

M. Bréon eut donc connaissance de notre mariage peu de jours après la célébration, bien qu'il ait soutenu depuis qu'il avait appris fortuitement, au cou-

rant de novembre 1873, que sa fille m'avait épousé, dix mois auparavant, le 3 janvier précédent, à Versailles.

Beaucoup d'autres preuves pourraient en être fournies. Elles diraient en même temps l'irritation violente que M. Bréon avait ressentie. Trois lettres de Montbard, des 21 janvier, 7 et 24 février 1873 contenaient ces récits : « M. Bréon ne veut pas entendre parler de sa fille et de son mariage. Il a si- « gnifié à son domestique de ne pas lui en ouvrir la bouche.... Il dit à qui « peut l'entendre qu'il cédera toute sa fortune moyennant rentes viagères.... « J'ai tenté de nouveau une réconciliation, mais je n'ai pas été plus heureux. « M. Bréon s'emporte ; il ne veut rien entendre à ce sujet.... Il est toujours « dans le même état d'irritation. Le voyage de Mme Bréon n'a rien produit.... « Une entrevue entre vous et M. Bréon n'est pas possible en ce moment. « Votre nom seul prononcé devant lui le fait sauter en l'air. La crise n'est pas « finie ; il faut encore patienter et attendre. »

Malgré la peine que nous apportaient ces nouvelles de Montbard, ces dames jouissaient d'une paix relative qu'elles ne connaissaient pas depuis longtemps, et moi j'étais tout entier aux travaux de l'Assemblée et à mon bonheur de famille. Je ne cherchais pas à savoir quand serait jugé le procès Banès, ni quelle en serait l'issue, ne devant pas m'immiscer dans les affaires de M. Bréon et voulant rester fidèle aux déclarations par moi faites avant mon mariage.

Cependant, le 29 mai 1873, la Cour d'appel de Paris, rendant son arrêt dans le procès Banès, déclara M. Bréon admis aux dividendes de la faillite et en outre propriétaire d'un certain nombre de titres existants sous son nom dans la caisse de l'agence. Grâce à ce double succès, sur les 1 072 000 franc qu'ils y avaient engagés, M. et Mme Bréon recouvrèrent la somme de 650 000 fr.

Ce fut un mois après que Mme Bréon et Marie apprirent par une lettre de Montbard que l'arrêt était rendu et qu'il était favorable. Croyant que son triomphe aurait mis M. Bréon en bonne humeur, j'engageai Marie à aller voir son père pour tenter un nouvel essai de réconciliation. Marie ne parta- geait pas mon espoir. Chaque fois que je lui donnais ce conseil, elle me répon- dait : « Tu m'exposerais en me mettant en présence de mon père. » Dieu sait combien ces paroles jetaient la crainte et le trouble en mon âme et combien j'hésitais à donner mon conseil ! Mais au bout de quinze jours, comme si elle eût subitement changé d'avis, Marie me dit qu'elle allait partir pour se rendre chez son père. Depuis elle m'a fait l'aveu que, sans cesser de croire à l'impru- dence de cette entrevue, elle avait obéi à ce qu'elle croyait être un ordre de son mari.

Le 21 juillet 1873, Mme Bréon, Marie et une domestique partirent de Paris pour se rendre à Montbard. Je ne les avais pas accompagnées dans la crainte que ma présence compromît le succès du voyage. Voici racontée dans un pro- cès-verbal dressé par le juge de paix, témoin de la scène, la manière dont M. Bréon accueillit sa femme et sa fille :

. . . .

« .... Aussitôt M. Bréon s'écria avec colère : « Que venez-vous faire ici? Je « vous défends d'entrer. » Mme Besson lui répondit : « Mon père, si je vous

« ai offensé, je viens vous demander pardon. » A ces mots la fureur de M. Bréon
« ne connut plus de bornes; il se précipita sur sa fille, sans que nous juge de
« paix ayons pu prévenir son attaque, et la prenant par le bras, il lui porta
« deux violents coups de poing sur la nuque. Saisissant M. Bréon par le corps,
« nous nous sommes hâté de le retirer vivement en arrière. Mme Bréon s'étant
« jetée au devant de sa fille pour la protéger, reçut à la face un coup qui a
« déterminé un saignement de nez, avec enflure du nez et de la lèvre supé-
« rieure. Pendant cette scène, M. Bréon s'écriait : « Sortez, coquines. » Il a
« répété ces expressions plusieurs fois. Ces deux dames pleuraient, sanglo-
« taient ; Mme Bréon s'était affaissée sur elle-même ». . . . .
. . . .

Complétant lui-même ce récit navrant, M. Bréon a fait publier qu'après
cette scène il dit au Juge de paix : « Dites à Besson que s'il veut se brûler la
« cervelle à bout portant, je suis son homme. »

Ces dames accompagnées du Juge de paix et du maire se retirèrent chez
des amies, s'y tinrent cachées pendant la fin du jour et n'osèrent rentrer à
Paris que par un train du milieu de la nuit.

Marie m'avait fait parvenir un télégramme, où j'avais lu : « Injures, coups,
mais pas de mal. » Hélas! craignant de m'alarmer trop vivement, elle n'osait
me dire la vérité entière. Mais il avait suffi de ce triste jour pour faire disparaître l'amélioration produite dans sa santé et, d'ailleurs, les émotions allaient
suivre jusqu'au jour fatal.

Après cette scène de Montbard, l'amour maternel fut le plus fort chez
Mme Bréon et ce sentiment rendit un peu d'énergie à l'âme de cette pauvre
victime chez qui de longues années de souffrance ont brisé tout ressort moral.
Elle résolut d'agir : « Je lui aurais pardonné tout ce qu'il me faisait à
« moi-même, disait-elle ; mais puisqu'il a battu Marie, je veux ma sépara-
« tion. »

Peut-être aurait-on pu choisir entre deux actions judiciaires, l'interdiction
ou la séparation de corps. Tous ceux à qui l'on s'était adressé conseillaient la
première; le maire, le curé, le notaire, les avocats disaient: « On doute qu'il
ait sa raison. » — « Obtiendra-t-elle quelque chose auprès de ce fou
obstiné? — Vous devez nécessairement arriver à l'interdiction. » — « Je n'hé-
site pas à confirmer l'avis que je vous ai déjà donné de recourir contre le
pauvre fou à la mesure de l'interdiction. » — « Je pense qu'une interdiction
bien méritée eût été le vrai remède à vos ennuis. »

Mme Bréon déclarant qu'elle voulait agir, je la suppliai en son nom et
au nom de sa fille de ne pas rendre le public confident de ses chagrins domestiques; je l'exhortai à chercher dans la vie de famille, chez ses enfants, le
seul allégement possible à ses maux cruels; je la détournai à la fois de toute
demande en séparation de corps et en interdiction judiciaire.

Marie était d'un avis contraire. Elle estimait que l'honneur et la santé de
sa mère demandaient une séparation de corps prononcée en justice.

Mon avis ne fut pas suivi et Mme Bréon introduisit sa demande en séparation devant le Tribunal de Semur, le 26 septembre 1873.

Il faut ici intervertir l'ordre des dates et faire immédiatement connaître l'issue de ce procès.

La séparation de corps fut prononcée *de plano*, sans qu'il fût besoin d'ordonner une enquête pour établir les faits d'injures graves. Le jugement du Tribunal de Semur qui la prononça, le 4 février 1874, fut frappé d'appel par M. Bréon, mais il fut confirmé par arrêt de la Cour de Dijon, le 6 mai suivant, M. Bréon forma un pourvoi en Cassation, qui fut rejeté par arrêt de la Chambre des requêtes, le 21 décembre 1874.

Il ne peut être fait mention ici des injures exclusivement personnelles à Mme Bréon. En en donnant connaissance au Tribunal de la Seine, mon avocat dut se plaindre de la nécessité où on l'avait mis de tout dire, mais ici ces choses ne sauraient être rappelées. Voici seulement ce que l'arrêt dit des actes respectueux et de la scène du 21 juillet 1873 :

« Considérant que ces actes étaient l'exercice légal d'un droit, que Bréon
« pouvait justement se reprocher de se les être attirés par les tyrannies de
« son autorité et ses torts domestiques et qu'en cette circonstance, comme en
« 1851, il n'a fait qu'obéir à ses habitudes d'emportement qu'il ne saurait
« maîtriser.

. . . .

. . . .

« Considérant qu'indépendamment des excès et injures graves révélés par
« les documents qui précèdent, il est établi que, le 21 juillet 1873, Bréon a
« encore refusé de recevoir à son domicile sa femme qui venait le voir dans un
« but de réconciliation, accompagnée de la dame Besson, sa fille ; qu'à leur
« aspect il s'écria : « *Je vous défends d'entrer, retirez-vous, coquines* », et
« que, pour soustraire sa fille à sa colère, sa femme s'étant jetée devant lui
« en reçut un coup si violent à la figure qu'il détermina une effusion de sang
« et l'enflure du nez et des lèvres ;

« Que l'intérêt puissant de la mère et de la fille à regagner le cœur de Bréon,
« non moins que le danger d'irriter davantage un homme qui les menace de
« mobiliser sa fortune et de la transporter à l'étranger, ne permettent pas
« d'admettre que cette scène ait été, ainsi qu'il l'allègue, un piége pour se
« créer un moyen de séparation. »

Cependant M. Bréon se voyant poursuivi et pressentant qu'il allait succomber, avait cherché par quel moyen il pourrait arrêter le coup qui le menaçait, ou tout au moins assurer sa vengeance. Il crut l'avoir trouvé dans une injure qui, adressée à sa fille et à son gendre, allait atteindre aussi sa femme qui demeurait chez eux. Il imagina donc de dire que, dans le courant de novembre 1873, il venait d'apprendre fortuitement que sa fille m'avait épousé à Versailles, le 3 janvier précédent et il demanda, au Tribunal de la Seine de prononcer la nullité de notre mariage, sous prétexte que ce mariage aurait été clandestin, contracté devant un maire incompétent et accompli au mépris d'une opposition.

Le 20 décembre 1873, M. Bréon nous fit remettre les deux copies de l'assignation. Celle adressée à Marie était libellée en ces termes : « Donne

« assignation à Mademoiselle Marie Bréon, se disant épouse de Paul Besson,
« la dite demoiselle majeure, demeurant chez M. Paul Besson, à Paris, rue de
« Vaugirard, n° 77. »

Marie était seule, quand, à une heure de l'après-midi, elle reçut cette assignation des mains de l'huissier. Elle pleura. Elle dut attendre jusqu'à sept
heures du soir mon retour de Versailles. Comme je cherchais à la consoler,
tout en sanglots elle me demanda pardon pour son père.

A cette époque, le procès en séparation de corps était à peine instruit : nous
allions donc avoir à soutenir contre M. Bréon à la fois deux procès qui, pour
regarder l'un la mère, l'autre la fille et le gendre, n'en intéressaient pas moins
tous deux et au même degré les trois victimes que poursuivait sa haine.

C'était encore trop peu pour notre implacable adversaire. Il fallait nous
poursuivre en dehors du prétoire, à l'Assemblée nationale, en public, dans des
lettres, dans des visites privées. Je pourrais en multiplier les preuves ; je n'en
citerai que deux.

Le 29 janvier 1874, M. Bréon adressa une quatrième pétition à l'Assemblée
de Versailles pour redire ses colères, contre Marie et moi. L'Assemblée frappa
cette pétition de la question préalable, le 12 mars suivant.

Le 28 février 1874, M. Bréon écrivant à un député qu'il ne connaissait
pas, qu'il n'avait jamais vu et qui après quelques mots d'explication refusa
de l'entendre, lui tenait ce langage :

« Je me propose d'aller demain vous rendre visite.

« Je suis le père de cette Marie Bréon, reste de quatre enfants, que l'on
« m'a enlevée par un rapt de son père, le 3 janvier 1873. Cette affaire doit
« venir sous peu en plaidoiries. Le croirez-vous ? le soi-disant mariage reli-
« gieux a été célébré le 6 janvier 1873 et ce en vertu d'un certificat du
« maire du VIe arrondissement. Que dites-vous ? Tout est monstruosité
« dans les agissements de Besson. Ma fille perdue avec le roman d'Octave
« Feuillet. Oui, roman. »

« Recevez, M. etc.

« Signé : P. Bréon. »

Réunis et vivant en famille, Mme Bréon, Marie et moi nous faisions des
vœux et des prières pour le retour de M. Bréon à des sentiments plus hu-
mains. Seul je voulais encore espérer un peu, mais ces dames m'affirmaient
que j'étais le jouet d'une vaine illusion. Voyant combien j'aimais sa fille, ma
belle-mère me plaignait affectueusement ; elle répétait souvent : « Vous ne
« méritez pas le mal qu'il s'acharne à vous faire ! »

Nous aurions pu à cette époque faire juger le procès en nullité de mariage,
mais nous laissions à son auteur le temps de se repentir et de se désister. Ma
femme vivante, ce procès eût paru souverainement ridicule ; sa mort l'a rendu
pour moi douloureusement tragique.

Cependant les chagrins, la crainte, les peines avaient gravement ébranlé la
santé de Mme Bréon et de Marie.

Le 19 mai 1874, cédant au besoin d'aller respirer l'air de la campagne, ma belle-mère se rendit à Dracy-les-Couches, près Autun; elle devait y passer un mois.

Après le départ de sa mère, Marie fut plus fatiguée. Le 6 juin, elle fut prise d'un premier vomissement de sang. Les médecins étaient loin de croire à un danger imminent; ils me conseillèrent d'attendre avant de prévenir Mme Bréon. Le 7 juin, sur la demande de Marie, je fis venir le prêtre. Je restais pourtant plein d'espoir. Mais le 8 juin, dans l'après-midi, ma femme me prévint elle-même que sa fin était proche. A cinq heures du soir, ma bien aimée expirait dans mes bras, pardonnant à son père !

Marie avait près de son lit un bénitier devant lequel elle priait souvent pour le père qui lui faisait tant de mal. Un jour, dans un emportement de violente colère, M. Bréon avait voulu insulter aux peines de sa fille en cherchant à souiller ce pieux et saint objet. A son heure suprême, Marie jetant un dernier regard sur ce témoin muet de ses longues tristesses, renouvela le pardon qu'elle n'avait jamais un seul jour oublié de donner à son père !

Accablé de douleur, mais soutenu par l'exemple que je venais d'avoir, j'écrivis à M. Bréon la lettre suivante[1] :

   « Mon cher père,

« C'est encore de ce doux nom que je veux vous appeler, bien que ma bonne et tendre Marie, votre fille, mon épouse, ne soit plus sur cette terre.

« Hier soir, je l'ai perdue par un coup aussi subit que terrible.

« ....Mon père, laissez-vous toucher devant cette tombe entr'ouverte. Dites-nous que vous nous aimez, et que si nous avons jamais pu contrister votre cœur par des actes mal compris de vous, ce n'a jamais été de notre part dessein de vous peiner.

« Marie a été enlevée par une apoplexie pulmonaire presque foudroyante. J'ai fait prévenir maman. J'espère qu'elle pourra être demain à Lons-le-Saulnier pour la cérémonie.

« Je vous fais parvenir cette lettre par main tierce, ne sachant pas où vous êtes.

« Pendant le trop court espace de temps que j'ai joui des vertus et de la bonne amitié de Marie, j'ai goûté un bonheur immense. Il ne pouvait pas m'arriver un malheur plus grand que de la perdre. Consentez, cher père, à adoucir un peu mon immense chagrin en me disant que vous avez pour moi les sentiments d'un père envers son fils. Soyez sûr que je vous aime comme un fils aime son père.

« Votre fils, etc...

        « Signé : Paul BESSON. »

---

1. Je n'avais pas gardé copie de cette lettre, non plus que de celles écrites avant mon mariage. Si j'en peux donner ici le texte, c'est qu'elles ont été produites aux débats du procès par mon adversaire lui-même.

Cette lettre fut remise à M. Bréon par mon excellent ami E. B.; voici en quels termes, il a rendu compte de la mission qu'il avait dû remplir :

« .... Dès le lendemain de la mort de cette digne et si intéressante dame Bes-« son, je fus prié par son mari de me rendre auprès de M. Bréon et de lui « porter de sa part des paroles de paix et de consolation. J'accomplis de mon « mieux cette délicate mission, mais, hélas ! elle fut vaine. J'avais affaire à un « cœur plus dur qu'un rocher. Que dis-je? l'image n'est pas assez forte : les « rochers sont insensibles, mais ne disent ni.... ni. . . . .

« .... M. Bréon, froid comme un marbre, sans répandre une larme, sans ex-« primer un regret, n'a proféré pendant tout le temps que j'ai passé auprès « de lui (une demi-heure environ) que des paroles de haine. Jamais, peut-être, « Monsieur, je n'ai éprouvé d'émotion plus douloureuse. »

L'inhumation eut lieu, le 10 juin, à Lons-le-Saulnier, dans un caveau de famille où six semaines auparavant Marie avait elle-même indiqué sa place, comme si elle eût pressenti sa fin si proche.

Mme Bréon, prévenue par mes soins, vint à la cérémonie et approuva l'emplacement du tombeau. Pendant les jours que nous restâmes ensemble, la pauvre mère et moi allions chaque matin prier sur notre tombe si chère; je donnais à la mère défaillante ma douleur pour guide et soutien de la sienne.

Le 20 octobre 1874, M. Bréon fit le voyage de Paris à Lons-le-Saulnier pour se rendre au tombeau de sa fille. Voici quelques mots d'une lettre dans laquelle le gardien du cimetière a raconté la scène dont M. Bréon y donna le spectacle :

« Monsieur Besson,

« .... Il y a quelques jours, un monsieur qui s'est dit être le père de votre « défunte épouse est venu me demander de lui montrer la tombe où repose « Mme Paul-Marie Besson. En présence de cette tombe, M. Bréon a traité « votre épouse de..., et vous a accusé, vous son gendre, d'en être cause.

« Il a osé dire qu'il avait été content de la mort de sa fille. Il vous a gros-« sièrement injurié, vous traitant de.... J'étais indigné de tout ce qu'il osait « dire de vous et de sa fille.... »

Fallait-il s'attendre à voir continuer le procès en nullité de mariage?

Marie ne laissait pas d'enfant. Elle n'avait eu ni dot, ni trousseau; vainement elle avait réclamé ses linges et effets de jeune fille, retenus à Montbard; sa succession ne comprenait guère autre chose que ce que moi-même je lui avais donné, par la communauté légale. J'étais légataire universel; mais M. et Mme Bréon pouvaient se prévaloir des droits de la réserve. Je leur fis offrir de leur en compter le montant. La réponse de M. Bréon fut qu'il allait poursuivre la nullité du mariage de sa fille; que, s'il ne l'obtenait pas, il se ferait payer la part à laquelle il a droit dans ma propre fortune.

Il fallut me résigner à entendre plaider ce procès qui rappelle et aggrave mes poignantes douleurs.

Voici énumérées par ordre les accusations diverses dont se compose le roman inventé pour me perdre. A la suite de chacune, on lira la réponse précise que j'oppose; on estimera, j'espère, qu'elle est une réfutation péremptoire.

Mais ce qui n'est qu'injure, je sais le dédaigner et n'y jamais répondre; je n'entreprendrai pas de relever ici les attaques de ce genre.

1° — On a osé prétendre que le procès en nullité de mariage n'aurait été fait que pour faire juger qui, de M. Bréon et moi, pourra définitivement fixer le lieu de la sépulture de ma chère défunte.

— M. Bréon voulait-il donc mettre sa fille au tombeau quand six mois avant sa mort il introduisait sa demande en nullité de mariage? Rappelons les dates : assignation, 20 décembre 1873; décès, 8 juin 1874.

En avril 1874, pendant les vacances parlementaires, j'allai avec ma femme au cimetière de Lons-le-Saulnier prier sur le tombeau de famille où reposent mon père, ma mère, et d'autres parents défunts. Là, en présence de cette tombe qui, hélas! allait être sitôt et si prématurément la sienne, Marie me dit : « C'est là qu'un jour je serai enterrée avec tous tes parents, qui sont aussi « les miens. » Cette parole n'a pas été écrite, mais elle est gravée dans mon cœur; elle est un ordre que j'ai religieusement exécuté et que nul ne pourra jamais se faire autoriser à méconnaître et à transgresser.

2° — A en croire des écrivains et des parleurs à gages, je n'aurais épousé Mlle Marie Bréon qu'après « m'être rendu coupable de séduction, de rapt, « d'enlèvement! »

« Lorsque pendant la guerre Mme et Mlle Bréon eurent quitté Montbard « pour se retirer à Clermont-Ferrand, je m'y serais rendu pour achever, loin « des regards du père, mon œuvre de séduction!! »

— Comment aurais-je pu me rendre à Clermont-Ferrand et y faire un séjour quand ces dames s'y rendirent? A cette époque j'étais incorporé comme simple soldat dans une légion des mobilisés du Jura. Mon bataillon tenait campagne au nord de Dôle, où il prit part, le 20 décembre 1870, au combat de Montrambert; il se rendit ensuite à Dijon, où il fut aux journées des 20,

21 et 22 janvier 1871. Je ne quittai le bataillon que le 30 janvier, après le traité d'armistice, sur une permission de douze jours donnée par mon colonel, qui m'autorisa à aller suivre ma candidature dans le Jura, où je l'avais posée dès le 19 septembre 1870. Aussitôt qu'on connut le résultat des élections du 8 février 1871, je me rendis à Bordeaux. Ce fut là seulement que j'appris où ces dames avaient été pendant toute la guerre; jusqu'à Bordeaux je l'avais ignoré.

Quand j'épousai Mlle Marie Bréon, le 3 janvier 1873, elle avait plus de vingt-trois ans et demi. Depuis sa majorité, elle me demandait de consentir à ce qu'elle fît adresser des actes respectueux à son père; c'est moi qui retardai pendant plus de deux ans le recours à ce moyen légal. Son père connaissait notre projet de mariage depuis 1868. En attendant patiemment qu'il voulût bien y consentir, n'avions-nous pas fait, elle et moi, preuve de déférence envers le père et de liberté complète en nous-mêmes? Mme Bréon, depuis qu'elle avait agréé la demande que ma mère lui avait faite, en mon nom, de la main de sa fille, en 1868, n'avait pas cessé d'approuver et d'encourager le mariage; elle y avait assisté; de sa main de mère, elle l'avait béni en son nom et au nom du père absent; dès le jour du mariage, elle était venue s'installer chez ses enfants, sa fille et son gendre; elle ne nous avait quittés qu'accidentellement, quelques jours avant le coup fatal.

Où est donc le délit qu'on invente avec impudence et au sujet duquel, quand je le voudrai, j'intenterai victorieusement une poursuite en diffamation?

3° — M. Bréon a fait imprimer et on a publié pour lui :

« C'est par une sommation respectueuse que Mlle Bréon fit connaître à son « père pour la première fois son désir de s'unir à M. Paul Besson.

« Ce ne fut que le 20 novembre 1873, après des lettres écrites de tous cô- « tés, que M. Bréon apprit le mariage de sa fille; et tout aussitôt il intenta « une action en nullité de mariage contre M. Paul Besson. »

— M. Bréon a soin de taire les entretiens qu'il eut avec sa fille et de cacher les lettres qu'elle lui écrivit au sujet de notre projet de mariage. Que ne puis-je évoquer pour les faire entendre les paroles de celle qui repose dans la tombe!

Pour redresser l'erreur, je pourrais multiplier les citations empruntées aux lettres qu'écrivit M. Bréon lui-même; il suffira de rappeler ses lettres des 30 juillet et 3 août 1868, de juin 1871, et du 2 novembre 1871, sa Pétition à l'Assemblée Nationale le 23 novembre 1872, ainsi que le voyage de Mme Bréon à Montbard peu de jours après notre mariage et les lettres qui me furent adressées de Montbard les 21 janvier, 7 et 24 février 1873.

Après de telles altérations, quelle confiance peuvent inspirer les affirmations de mes adversaires?

4° — Il a été plaidé à l'audience et imprimé dans les journaux que je n'ai jamais eu à Versailles ni domicile, ni résidence; que, par conséquent, le mariage que j'y ai contracté est nul, comme célébré devant un maire incompétent.

— Le jugement a répondu «que des pièces produites au débat il résultait

« qu'en janvier 1873 j'avais à Versailles le domicile actuel, établi par six mois de
« résidence, tel qu'il est défini par l'article 167 du Code civil ; — que, si comme
« avocat au Conseil d'État et à la Cour de Cassation j'avais conservé mon domi-
« cile de droit à Paris, rue d'Assas, 24, j'avais depuis la fin de mars 1871 résidé
« à Versailles, rue de la Bibliothèque, au petit séminaire, où je vivais moyen-
« nant une rétribution mensuelle, où je vaquais à mes travaux, où je recevais
« ma correspondance, où je recevais également les convocations officielles qui
« m'étaient adressées comme membre de l'Assemblée Nationale ; — que si dans
« les publications effectuées à Versailles je suis indiqué comme demeurant dans
« cette ville rue de Mouchy, 6, cette indication a été commandée par un motif
« de haute convenance, exclusif de toute pensée de fraude ; — que dès lors l'of-
« ficier de l'état civil de Versailles était compétent pour célébrer le mariage
« dont la validité est contestée. »

J'ai hâte d'arriver, en suivant l'ordre de la date des faits, aux deux reproches
sur lesquels on a le plus insisté : j'ose dire, le plus trompé les auditeurs et les
lecteurs : ces reproches regardent l'absence de contrat et le passé-outre au
mariage sans jugement de mainlevée de l'opposition du père.

5° — On m'accuse « de m'être marié sans contrat avec une fille qui pouvait
« avoir d'un jour à l'autre une fortune mobilière de trois millions, afin de m'en
« approprier la moitié. »

Dans ce récit tout est fausseté, mensonge. Qu'on veuille bien lire la réfutation que je vais en donner.

Nous n'avons pas fait de contrat, il est vrai ; mais qui a voulu qu'il en fût
ainsi ? qui pouvait en souffrir ? que penser des prétendus millions ?

Si nous n'avons pas fait dresser un contrat de mariage, c'est sur la volonté
formellement exprimée de Mme et de Mlle Bréon. J'avais demandé de faire un
contrat : Mme Bréon s'y refusa : il lui déplaisait, me dit-elle, qu'un acte éta-
blît que sa fille allait se marier sans dot « comme une enfant de l'hospice. »
Vainement j'avais offert de constituer moi-même une dot à Marie ; je lui aurais
donné la moitié de ma fortune mobilière ; le résultat de ce contrat formel de
mariage eût été le même que celui du contrat tacite du Code, auquel nous nous
sommes référés. Mme Bréon crut à une ironie et je dus ne pas insister.

Avais-je intérêt à ne pas laisser rédiger un contrat ? Non, tout au contraire,
j'allais seul en souffrir, et, en sens inverse, la famille Bréon pouvait seul en
tirer avantage.

En effet, l'absence de contrat créait une communauté légale où allait tomber
toute ma fortune mobilière, tandis que ma femme mariée sans dot, sans trousseau, n'allait à peu près rien apporter dans le patrimoine commun.

Voilà pour la fortune présente et certaine de chacun des époux. Quant à la
fortune future, c'est-à-dire possible mais incertaine, de ma femme, que pourraient lui laisser un jour par succession ou autrement son père, sa mère et sa
tante, voyons ce qu'il faut en penser.

Son père avait, comme on l'a vu plus haut, la totalité de sa fortune mobilière
engagée dans la faillite Banès. C'est lui-même qui l'a fait imprimer sous sa
propre signature, dans un mémoire à la Cour de Dijon, page 24, à la date de

mai 1874. S'il avait perdu son procès, jugé par arrêt cinq mois après la célébration de notre mariage (3 janvier 1873 ; — 29 mai 1873) il n'aurait pas eu
le moindre dividende et n'aurait conservé d'autre fortune que ses immeubles
d'une valeur très-peu considérable. En supposant qu'il dût les transmettre un
jour à sa fille, ces biens ne seraient pas entrés dans la communauté légale, ils
seraient restés propres à Marie. D'ailleurs était-on bien sûr que M. Bréon ne
dénaturerait pas lui-même sa fortune et la laisserait à sa fille ? La Cour de
Dijon a constaté le contraire : par son arrêt du 6 mai 1874, elle a jugé « que
« M. Bréon menaçait sa femme et sa fille de mobiliser sa fortune et de la trans-
« porter à l'étranger. » Après cette preuve faut-il produire les lettres de
M. Bréon écrivant que « son passe-port est dans sa poche pour aller se fixer à l'é-
« tranger ; que revenu, après vingt ans, par sa chute, à son état normal, il se
« propose de constituer sa maison avec ses besoins de bien-être..? etc.. etc..? »
Après la sentence des juges, ces nouvelles preuves seraient superflues..

La mère de ma future était dans une situation de fortune analogue à celle
de son mari. Tous les capitaux de Mme Bréon, formant le montant de ses
reprises matrimoniales, c'est-à-dire environ 300 000 fr. provenant des successions de son père, de sa mère et de la vente de quelques-uns de ses immeubles,
étaient engagés comme ceux de M. Bréon dans la faillite Banès. Si le procès
avait été perdu, il ne serait resté à Mme Bréon, avec son recours contre son
mari, que ses champs et ses vignes. Les immeubles de Mme Bréon, qui parais-
saient ne pas avoir une valeur supérieure à ma propre fortune, ne pouvaient
pas entrer dans la communauté légale et devaient rester propres à Marie.

Enfin la tante de Mlle Marie, en la congédiant de chez elle, fin de septembre
1872, lui avait fait savoir que toute relation était rompue entre-elles et qu'en
m'épousant elle devait s'attendre à n'avoir rien de Maria Lambœuf.

Qui ne sait d'ailleurs que le père, la mère et la tante n'avaient qu'un mot à
dire dans un testament pour empêcher qu'aucun des biens meubles ou immeubles qu'ils voudraient laisser à Marie n'entrassent dans la composition de la
communauté légale ?

Ne pas faire de contrat, c'était donc pour moi la manière de donner à ma
femme une part de ma fortune et de lui créer un patrimoine, et c'était pour ses
parents le moyen assuré de garder leur pleine liberté de faire de leur fortune
l'usage qu'il leur plairait d'en faire.

Eh ! mon Dieu, si j'avais poursuivi la fortune je n'avais qu'à écouter ceux qui
conseillaient l'interdiction : nommé tuteur j'aurais administré les biens, et le
conseil de famille m'aurait donné la dot que je n'ai pas eue ; ma belle-mère
elle-même aurait été autorisée à doter sa fille.

Si Marie vivait, elle viendrait dire hautement qu'elle appréciait cet acte de
désintéressement. Oui, elle m'en a souvent remercié avec tendresse. Ce témoi-
gnage m'est précieux et son souvenir a plus d'une fois tempéré l'amertume de
l'injuste reproche qu'il me fallait lire ou entendre.

Quant aux millions dont on parle tant, on oublie de prouver qu'ils existent
et qu'ils aient jamais existé. Or, voici, d'après les propres déclarations de
M. Bréon lui-même, l'état de sa fortune et de celle de sa femme. Mme Bréon a

eu environ 300 000 fr. de valeurs mobilières de son père et de sa mère. M. Bréon a eu à peu près autant à titre de fortune mobilière héréditaire. La faillite Banès avait englouti toutes les valeurs des deux conjoints, s'élevant ensemble, en 1869, à 1 072 000 fr. L'arrêt du 29 mai 1874, leur a fait rendre 650 000 fr. En se payant à chacun leurs reprises, ce qu'ils ont dû faire après la séparation de corps, ils n'ont rien eu à partager ensuite, car la communauté si elle avait produit n'avait rien conservé. M. Bréon le contesterait-il? Non, il a déclaré à sa femme que, les reprises payées, il n'y avait plus rien dans le patrimoine commun, et sur cette attestation de sa part il a obtenu, par acte notarié du 18 août 1874, une renonciation de Mme Bréon à la communauté. S'il a fait faire cette renonciation à sa femme, n'est-ce pas la preuve que vraiment il n'y avait absolument rien à partager dans la caisse commune? cela est certain, car évidemment il n'aurait pas voulu s'enrichir d'une somme au préjudice de sa femme. Il l'aurait d'autant moins voulu qu'il était assisté, lors de ce contrat, de l'un de ses conseils accouru de Paris avec lui.

Les millions dont on parle sont donc une invention dont il faut faire justice. Ils n'existent que dans le désir et les rêves de celui qui pour les avoir trop ambitionnés s'en est écarté lui-même, et qui en s'attachant à leur âpre poursuite, a fui toute sa vie le chemin du bonheur.

6° — Ayant reçu, le 31 décembre 1872, la notification de l'opposition que, la veille, M. Bréon, avait faite au projet de mariage de sa fille avec moi, je n'en ai prévenu ni les témoins, ni le maire et je me suis marié le 3 janvier suivant : pourquoi avoir passé outre au mariage sans demander au tribunal de juger les motifs d'opposition du père? pourquoi ne pas subir cette nouvelle épreuve d'une durée si courte, puisque la loi impose au tribunal de prononcer dans les dix jours sur la demande en mainlevée, et à la cour, s'il y a appel, de statuer dans les dix jours de la citation (art. 177 et 178, Code civil)? Sans doute l'acte de mariage a eu soin d'indiquer la date précise des certificats d'opposition agréés par le maire et lors desquels l'opposition n'avait pas eu lieu. Mais ne fallait-il pas laisser à l'autorité du père le débat d'une audience dans laquelle il aurait livré un combat dernier, tenté un dernier effort, adressé une dernière prière à l'enfant qui voulait lui échapper?

— Sur ce reproche dont on ne m'accusera pas, j'espère, d'amoindrir la formule, il faut qu'on me permette de fournir des explications de droit et de fait; ensuite on nous jugera, ma femme défunte et moi.

Trois principes de droit sont à rappeler; je vais le faire sommairement, en citant le texte même des auteurs qui les enseignent et les professent.

« — Est-il vrai que la loi imposant aux juges l'obligation de statuer dans le court délai de dix jours, ce délai ne sera pas dépassé? — Non : les art. 177 et 178 du Code civil, qui portent qu'en première instance et en appel il sera statué dans les dix jours de la citation, veulent dire que dans les dix jours l'affaire sera portée à l'audience et ne subira pas les lenteurs du rôle, mais non que l'affaire sera jugée dans les dix jours. Ce serait le plus souvent impossible; il faudra quelquefois deux, trois, quatre mois et plus pour décider la question. » (Marcadé, tom. II, pag. 99; — Demolombe, tom. V, pag. 264; — Zachariæ, Massé et Vergé, tom. I, pag. 196.)

« — La même personne ne peut-elle former qu'une seule opposition? — ou, au contraire, une seconde opposition peut-elle être formée après le rejet de la première? une troisième après le rejet de la seconde?

« Le principe est qu'une première opposition n'est pas, en droit, un obstacle à une deuxième, ni une deuxième à une troisième. Nous touchons ici sans doute à un de ces abus possibles, comme il y en a partout!.... Faudra-t-il pour cela sacrifier la règle elle-même? Non sans doute!... il arrivera qu'on passera outre, si l'abus est flagrant.... » (Demolombe, *Du Mariage*, tom. III, n° 176, pag. 274.)

« — C'est le futur époux contre lequel l'opposition est dirigée qui seul a qualité pour en demander la mainlevée; ainsi celui qu'une fille se propose d'épouser ne peut, à aucun titre, avoir qualité pour intervenir dans l'instance en main-levée de l'opposition formée par le père au mariage de sa fille. » (Dalloz, V, *Mariage*, n° 304 et 321; — Demolombe, tom. III, n° 165.)

Ces principes étant certains, que pouvions-nous faire, Marie et moi? et que pouvait faire M. Bréon?

Mlle Marie Bréon pouvait assigner son père pour faire lever l'opposition par le tribunal. Sa demande eût certainement triomphé, car il n'y avait aucun empêchement légal au mariage, il n'y avait que le mauvais vouloir de M. Bréon. En veut-on la preuve? à deux audiences sommé de faire connaître les motifs de l'opposition du père, on a été obligé de se taire et d'avouer ainsi qu'il n'y en avait pas.

De mon côté je n'avais pas à intervenir; c'est à sa fille que le père adressait son opposition.

Quant à M. Bréon, le procès qu'il fait à la mémoire de sa fille couchée dans la tombe dit assez ce qu'il aurait fait, sa fille vivant encore : il aurait fait entendre les mêmes discours et lire les mêmes articles; au moyen des lenteurs calculées de la procédure, il aurait retardé de cinq mois encore le mariage qu'il retardait déjà depuis cinq ans; qui sait si par des oppositions se succédant sans cesse il n'aurait pas indéfiniment enserré sa victime dans les liens de ses procès?

J'allai faire part de toutes ces réflexions à Mme Bréon et à Mlle Marie. Elles me déclarèrent ne pas vouloir retarder d'un seul jour la célébration du mariage. Ma fiancée me dit : « Vous savez les périls que je cours...; hâtez-« vous, venez à mon secours? »

Mais, me dit-on, pourquoi n'avoir pas au moins prévenu le maire et les témoins de l'opposition que le père avait voulu faire au mariage de sa fille, qu'il vous a notifié avoir faite à Montbard et à Paris, mais qu'il n'a pas su faire à Versailles?

Voici ma réponse au double point de vue légal et moral.

Légalement, la notification du père ne m'imposait aucun devoir d'en porter la nouvelle au maire qui a célébré le mariage. M. Bréon ne peut s'en prendre qu'à lui-même si, ayant attendu par ruse jusqu'au dernier moment pour faire son opposition, il l'a faite tardivement entre les mains des maires de Paris et de Montbard, et si à cette époque extrême les certificats de non-opposition délivrés par eux étaient déjà régulièrement produits à la Mairie de Versailles.

Moralement, que me fallait-il faire? Fallait-il, respectant la loi mais m'en tenant à son texte, venir en aide à deux pauvres victimes dont un jour j'allais être le gendre et le mari? Ou bien était-il généreux, exagérant la loi, d'abandonner ma future et sa mère aux vexations du plus rusé des hommes?

J'ai cru, et je crois encore, que le dévouement et l'honneur me disaient d'agir comme j'ai fait. J'ai voulu protéger celles qui allaient devenir l'une ma femme, l'autre ma mère; j'ai voulu ne pas accroître, en la faisant connaître, la longue chaîne de leurs chagrins et de leurs peines; j'ai voulu sauver l'honneur de la famille dans laquelle j'entrais. C'est mon adversaire qui par l'obstination de sa vengeance me force aujourd'hui, sans autre raison que sa haine pour sa fille et pour moi, à dévoiler ces tristesses, qui sont devenues les miennes.

Ai-je jamais nié qu'une notification de l'opposition, quoique faite le 30 décembre 1872 entre des mains étrangères, me fût parvenue le lendemain? Il m'eût été facile d'éluder cet aveu; mais dès le début du procès j'ai hautement dit comment tout s'était passé. C'est que dans cette longue et douloureuse affaire, je n'ai rien à cacher; je puis parler ferme et marcher la tête haute.

Ah! dans mon malheur, après le regret d'avoir, par un vain espoir d'entente et d'union, retardé pendant deux ans passés les actes respectueux que Marie voulait faire, combien s'accroîterait encore ma peine, si j'étais resté sourd à son appel, à sa prière : « hâtez-vous, venez à mon secours! » Je serais inconsolable, car le remords me dirait que par ma faute je suis pour quelque chose dans les chagrins qui ont hâté sa mort!

7° — Pour m'outrager davantage on n'a pas craint de parler d'un faux acte qui aurait été produit dans les circonstances que voici. Me mariant à l'église de Saint-Sulpice, à Paris, j'avais à y produire l'extrait des actes de l'état civil de la Mairie de Versailles qui établissait que je m'y étais marié le 3 janvier précédent. Chose étrange, l'acte du mariage religieux viserait un certificat du Maire du VIe arrondissement de Paris, lequel serait faux, puisque le mariage n'y a pas eu lieu. Comme toutes les autres, cette accusation n'a pas seulement été dite, elle a été écrite et imprimée.

— L'imputation est fausse. Les deux registres de l'église Saint-Sulpice donnent à cette allégation le plus complet démenti, car tous deux visent, sans aucune rature, un extrait des actes de l'état civil de la Mairie de Versailles et non pas de celle du VIe arrondissement de Paris.

Quel intérêt pouvais-je avoir à tromper ainsi le prêtre : l'acte de l'état civil délivré par le Maire de Versailles ne l'autorisait-il pas à bénir le mariage tout aussi bien qu'un acte délivré par le Maire du VIe arrondissement? Pourquoi donc m'avoir fait cette injure, qui repose sur une allégation matériellement fausse?

Après avoir produit cette affirmation et distribué l'imprimé qui la contient, on a été obligé d'avouer qu'on s'était trompé. Dieu veuille qu'en ce point comme dans tous les autres on n'ait vraiment fait que de se tromper!

8° — Le procès qu'on m'a fait tendait à faire prononcer la nullité du mariage; il semble donc qu'on aurait dû se renfermer dans le cercle du litige et n'en pas sortir. Mais le but qu'on voulait vraiment atteindre était tout autre; on voulut donc agrandir l'attaque, pour accroître l'injure. On parla du testament que ma femme fit en ma faveur et par lequel elle m'institua son légataire universel. Ce testament, daté du 23 janvier 1873, vingt jours après notre mariage, serait la preuve éclatante que ce qu'on ose appeler une œuvre de séduction n'a eu pour mobile que le lucre et l'intérêt.

« Que dire de ce testament par lequel vingt jours après le mariage M. Besson
« se fait instituer légataire universel par sa femme, seule héritière de trois
« personnes dont la fortune, presque entièrement mobilière, représente plu-
« sieurs millions? »

— Je ne mérite en rien le reproche qu'on voudrait me faire.

Je n'ai su que ma femme avait fait son testament que plus de dix mois après qu'elle l'eut rédigé. Dans le courant de décembre 1873, elle me le confia afin de le lui garder. Je n'attachai aucune importance à cet écrit : j'étais loin d'ouvrir ma pensée au malheur qui, l'année suivante, allait fondre sur moi!

Quand Marie fit son testament, comme lorsqu'elle est morte, qu'avait-elle en propre et que me donnait-elle? Ce que je lui avais donné moi-même et seulement en partie, car il en fallait déduire ce que la loi attribue à titre de réserve au père et à la mère.

Il semble naturel que ma femme ait eu l'initiative elle-même du testament qu'elle a fait. De mon côté, j'avais fait mon testament en sa faveur, ne sachant pas que je lui survivrais et ignorant la fortune que ses parents pourraient ou voudraient lui laisser.

Mais je veux ici révéler un fait qui sera ma défense contre tout soupçon et je prends Mme Bréon à témoin de la parfaite exactitude de ce que je vais dire.

A peu près à la même époque, Mme Bréon nous dit un soir, à Marie et à moi, qu'elle avait fait son testament en faveur « de ses deux enfants. » Elle nous montra même l'écrit qu'elle avait déjà rédigé et où mon nom figurait comme légataire à côté de celui de sa fille. Je lui rendis cet écrit après l'avoir lu sur sa demande et avoir constaté qu'il constituait un testament olographe. Je l'engageai à le détruire et à ne faire son testament qu'en faveur de sa fille. Je pense qu'elle l'a fait; en tous cas, elle était bien libre de le faire.

Est-ce ainsi qu'agit ordinairement un chercheur de succession?

9° — On m'a dit à la barre : « Vous n'avez appelé M. Bréon ni au lit de la
« malade, ni au lit de la morte. Vous ne l'avez pas averti pour qu'il suivît son
« convoi. Il ne sait pas encore à l'heure présente quelle est la cause de sa
« mort. »

— La lettre suivante répond à ces accusations :

« Mon cher collègue et ami,

.... «Vous aviez écrit à votre beau-père une lettre faite pour toucher le cœur
« le plus dur, et notre commun ami E. B. s'était chargé de la porter lui-même.
« Mais me rappelant les scènes de violence dont vous et Mme Besson aviez eu
« plus d'une fois à souffrir, je craignis que M. Bréon ne vînt les renouveler en
« présence même du corps de sa fille, et je vous donnai le conseil de différer
« l'envoi de votre lettre, de façon à ne pas ajouter cette douleur à celle qui vous
« accablait.

« Ce qui s'est passé depuis ne m'a que trop donné raison, et je vous donnerais
« encore aujourd'hui le même conseil.

« Tous ceux qui à ce moment auraient pu lire comme moi dans votre cœur,
« auraient été confondus de tout ce qu'il renfermait de générosité et de cha-
« rité chrétienne pour celui qui nous avait tant fait souffrir.

« Je plains ceux qui ne rendent pas hommage à ces sentiments et qui ne
« sont pas dignes de les comprendre.

« Je suis de cœur avec vous, mon cher ami, dans l'épreuve qui vous est
« imposée. »

Votre tout dévoué,

Signé : Émile Keller, député.

10° — En finissant, je me vois avec douleur contraint de formuler moi-même
un reproche qu'on n'a pas osé me faire publiquement, mais que sourdement
on exploite contre moi. Pourquoi, se demande-t-on, Mme Bréon n'est-elle pas
intervenue au procès pour défendre, elle aussi, la mémoire et l'honneur de sa
fille? Aurait-elle approuvé ce qu'elle laissait faire par son mari?

— Pour répondre à ce reproche, je suis forcé de reprendre le récit des
faits.

Pendant les six derniers mois qui ont précédé la mort de ma femme, du 20
décembre 1873 au 8 juin 1874, Mme Bréon a su le procès injurieux que son
mari avait intenté contre nous. C'était, avec nos autres chagrins et nos autres
peines, l'objet de toutes nos conversations. Craignant que mon affection pour
Marie ne subît quelque atteinte des procédés de son père à mon égard, Mme
Bréon, plusieurs fois, me demanda pardon pour ce père dénaturé. Elle m'offrait
alors tout son concours, si je le croyais utile, pour défendre l'honneur de sa fille
et le mien.

Quelques jours après la triste cérémonie du 10 juin 1874, je reconduisis ma
belle-mère à sa campagne, à Dracy-les-Couches. Elle me fit promettre de lui
écrire souvent. Je tins parole, car je lui écrivis plusieurs fois par semaine. Voici
quelques passages des lettres qu'elle me fit en réponse :

« 20 juin 1874. — Oui, mon cher fils, c'est ainsi que je vous appellerai tou-
» jours, si vous le permettez, car ma chère Marie vous aimait tant et vous

« l'aimiez tant aussi... Mon désespoir est si grand, que parfois je ne sais pas
« ce que je fais. »

Me consultant sur la liquidation à faire avec M. Bréon, elle ajoutait : «Veuil-
« lez m'écrire ce que vous pensez de tout cela et quel parti je dois prendre.
« Vous obligerez la plus affligée de toutes les mères. »

Peu après, elle m'écrivait encore : « Mon cher Paul, je prie Dieu de vous
« donner une bonne santé pour nous aider à supporter trop de malheurs qui
« nous accablent tous les deux... Donnez quelquefois de vos nouvelles à la plus
« malheureuse des mères. »

« — 22 juillet 1874. Mon cher fils je suis inquiète ; depuis longtemps je n'ai
« pas reçu de vos lettres....

« M. Bréon m'écrit qu'il est bien malheureux dans sa chambre ; je vous en
« prie, tâchez de le ramener auprès de nous. »

« 28 août 1874. — Mon cher Paul, M. Bréon est revenu avec le notaire, j'ai
« signé, mais à la condition que tous les procès seraient finis.... Dites des prières
« au tombeau de ma chère Marie, en attendant que je puisse y prier moi-
« même. »

Cette lettre fut la dernière que je reçus de ma belle-mère.

Le 30 octobre 1874, le notaire, que j'avais prié de faire comprendre à Mme
Bréon l'utilité morale de sa présence dans l'instance en nullité de mariage pour
y défendre la mémoire de sa fille, m'écrivit cette réponse :

« Mme Bréon était sans doute préparée à l'objet de ma visite, car elle m'a
« fait une réponse très-nette et très-catégorique pour m'annoncer qu'elle ne
« voulait en aucune façon intervenir dans l'affaire pendante entre vous et
« M. Bréon.

« .... Elle m'a donné pour principale raison qu'elle a besoin de la plus grande
« tranquillité et que son intervention ne ferait que raviver sa grande douleur.
« Elle espère que ce procès n'a pas besoin d'être soutenu par elle et que, pour
« une chose aussi inique, vous en viendrez bien facilement à bout, seul. »

Mais depuis cette époque, je n'ai plus été autorisé à me présenter chez elle.
Mes lettres n'obtenant plus de réponse, je n'osai plus écrire qu'à de rares in-
tervalles.

Que s'était-il donc passé autour de Mme Bréon et dans son esprit ? Je l'ignore.
Deux faits sont à mentionner : Mme Bréon s'était heureusement réunie à sa
sœur, Mlle Maria Lambeuf, qui n'avait pas voulu la revoir depuis la rupture
éclatante, à l'époque des actes respectueux ; Mme Bréon avait revu aussi son
mari dans deux circonstances, une fois à Dracy-les-Couches, lorsque le 18 août
1874 elle fit sa liquidation avec lui et renonça à la communauté, et une autre
fois à Châlon-sur-Saône, un peu plus tard, dans la maison d'une tierce personne. Mais je veux croire que ces faits n'ont pu avoir aucune influence sur
l'attitude nouvelle de Mme Bréon.

Qui, quoi donc a pu retenir la mère dans l'accomplissement du devoir sacré
de défendre la mémoire de la fille qu'elle pleure ? Quand Marie vivait et que le
concours de sa mère nous était peu utile, celle-ci nous l'offrait ; quand je le lui
ai demandé au nom de sa fille couchée dans la tombe, pourquoi la mère est-elle

restée muette? Qui a pu l'arrêter? Est-ce la crainte de son mari, quoiqu'elle en soit toujours séparée de droit et de fait? Serait-ce quelque secret espoir, fondé sur des promesses, de voir un jour ramener auprès d'elle le cercueil de sa fille? Cette mère accablée subirait-elle l'empire de passions haineuses et cupides, qui l'auraient circonvenue et ne lui laisseraient pas la liberté du bien?

Je ne veux, je ne dois entrer dans ce douloureux examen. Je veux bien croire que Mme Bréon a ignoré les injures adressées à sa fille, ainsi que le complot ourdi contre son gendre. Je serais consolé d'apprendre qu'elle a été trompée. Mon pardon ne serait pas plus complet, mais il serait plus facile.

Tel est le procès.

Cette affaire, mise au rôle du mercredi de la première chambre, fut appelée de huitaine en huitaine pendant un an. Les plaidoiries coïncidèrent avec l'aniversaire de la mort de ma femme. Les débats se prolongèrent au cours des audiences des 16, 23, 30 juin et 7 juillet 1875.

Pendant ces quatre longues semaines, des journaux, dont je m'honore d'être l'adversaire religieux et politique, donnèrent libre carrière à leurs invectives contre moi. Ils n'eurent qu'à suivre le plan du mémoire imprimé *qu'*au moment de l'arrêt de séparation de corps (6 mai 1874), M. Bréon avait distribué à la Cour de Dijon; là, ils trouvaient toutes les erreurs, toutes les attaques; elles avaient été réfutées, mais qu'importe? présentées avec art aux lecteurs, elles pouvaient surprendre leur bonne foi et m'avilir à leurs yeux. A Dijon, M. Bréon m'avait représenté comme son unique adversaire dans les procès que sa pauvre femme avait dû lui faire : d'après lui, elle n'aurait été dans mes mains qu'un instrument docile pour faire dépouiller son mari et se faire dépouiller ensuite elle-même. Ce roman, la Cour l'avait lu, l'audience l'avait entendu, mais que pouvaient faire ces discours et ces écrits? A Dijon comme à Montbard, M. Bréon est connu, son nom y est sans crédit moral. Il fallait à mes insulteurs un autre théâtre, il leur fallait Paris, foyer ardent de publicité pour la France tout entière. En copiant ce mémoire, en reproduisant les idées, quelquefois des passages entiers, ils eurent soin de broder le roman : une conspiration mystérieuse, une ligue de tout le parti clérical, sœurs, curés, dévots, auraient enveloppé Mlle Marie Bréon pour livrer sa personne et ses biens aux convoitises des soutiens de l'autel et du trône! Ce n'étaient pas seulement des personnes qu'ils mettaient en cause, c'étaient encore les plus saintes doctrines, nos croyances les plus chères. Aux récits mensongers, injurieux ils mêlaient les discussions religieuses et ils rattachaient mon mariage au vote de lois importantes faites par l'Assemblée. Ces journaux arrivaient pas ballots dans mon département; on les y répandait à profusion. Ce n'étaient pas seulement les organes de la presse de Paris qui se faisaient l'écho de cette conspiration; c'étaient aussi ceux de Londres, de Vienne, de Bruxelles.

A la vue de ce vaste complot, un journal de province, la *Décentralisation de Lyon*, a pu dire :

« Nous devons à nos lecteurs de leur faire connaître le procès Bréon-Besson.

« La presse radicale s'en est emparée, la conspiration, qui se nomme elle-
« même anticléricale, a montré à cette occasion son audace ordinaire. Nos
« lecteurs verront un exemple exceptionnel, même en notre temps, de certaines
« perversités et de la haine que les gens de bien inspirent à leurs adver-
« saires. »

J'ai donné le récit des faits de ce procès ; je laisse à mes lecteurs le soin de les juger et je ne retiens pour moi que la joie de pardonner devant Dieu, comme l'a fait ma femme, à celui dont la haine nous poursuit.

En finissant, je veux rappeler le sentiment d'un homme dont l'amitié m'honore et à qui j'avais dû révéler, comme à mon conseil éclairé, tous nos chagrins, tous nos malheurs. Voici comment Me Lucien Brun, ancien bâtonnier, député, l'avocat de ma défunte et de moi, répondant aux deux avocats de M. Bréon, à l'audience du 30 juin, commençait et finissait sa réplique :

Il fallait que Paul Besson vidât jusqu'à la lie le calice d'amertume que la haine de M. Bréon lui a versé. J'avais, certes, avant la dernière audience, une haute idée de la haine de M. Bréon. Intenter une demande en nullité de mariage dans les conditions que vous savez, la poursuivre après la mort de sa fille, ne pas se sentir désarmé par cette perte cruelle, ne pas être touché de la douleur du malheureux que je défends, dont cette mort a brisé la vie et dont tout le bonheur s'est envolé avec cette âme si chère, plaider enfin sur un cercueil, c'est une façon d'héroïsme et il y a là ce qu'on peut appeler une haine vigoureuse. Mais, après une plaidoirie qui n'avait rien laissé dans l'ombre, vouloir une réplique qui mît de nouveau tout en lumière ; qu'après avoir tout dit on voulût tout redire ; que Bréon voulût livrer aux échos de la publicité le secret et les motifs de sa passion et de sa colère, c'est ce que je ne pouvais pas prévoir, et c'est, je l'avoue, ce que je n'avais pas prévu. Je n'ai pas dissimulé mon étonnement en entendant mon contradicteur demander à répliquer. Je vous remercie, messieurs, de m'avoir accordé le même droit.

Ma réponse était nécessaire, non pas qu'il y ait dans mon esprit un doute possible sur la solution de ce procès, mais pour un autre motif. Le tribunal ne peut pas ignorer ce qui se passe depuis quinze jours. M. Bréon a inventé un roman qu'il a jeté en pâture à la publicité. Nous avons lu les journaux qui, sans même attendre les comptes rendus des organes judiciaires, ont donné carrière à toutes leurs fantaisies. Ce ne sont pas seulement des hommes qui sont en cause, ce sont des opinions et des doctrines. Voilà ce que M. Bréon a voulu. J'avais donc raison de dire que ce n'est pas un mauvais procès qu'il a fait, mais une mauvaise action. Malgré toute l'éloquence de mes contradicteurs, ce procès restera un de ceux qui étonnent les honnêtes gens et qui font gémir la justice.

Il faut redire d'abord que ce procès n'est qu'un prétexte et qu'en droit il n'existe même pas.

. . . .
. . . .

On ne peut rien comprendre à ce procès, si l'on ne sait que Mme Bréon, Mlle Bréon et M. Paul Besson se sont trouvés en face d'un fou pervers et méchant, mauvais père et mauvais époux.

. . . .

. . . .

. . . .

. . . .

Voilà l'homme ! Voilà le procès ! Demanderez-vous encore pourquoi on a passé outre à l'opposition de M. Bréon ? Mon contradicteur s'est écrié : « Que se serait-il passé dans ce moment suprême ? » A cette barre, d'abord, nous aurions entendu les mêmes arguments et les mêmes injures, et si le père avait été mis en présence de sa fille, ne me demandez pas ce qui se serait passé ; demandez-le au juge de paix de Montbard et au gardien du cimetière. Je l'ai demandé déjà et je le demande encore : si on a des moyens pour justifier cette opposition, qu'on les propose ! Non, on a été obligé de l'avouer, il n'y en a point. Mlle Marie Bréon, qui connaissait son père, n'a pas voulu qu'on s'arrêtât à cette opposition. Elle savait qu'il n'y avait là qu'une recherche de scandale et de violences. Qui oserait l'en blâmer ? Et Besson n'a eu qu'un tort, celui de ne pas céder aux prières de sa future, qui voulait que les sommations respectueuses fussent faites trois ans plus tôt.

Voilà le procès.

Ce qui m'indigne, messieurs, c'est que cette entreprise de scandale et de diffamation ait été pratiquée ici.

Après le temple où réside le Dieu vivant, je ne connais pas de lieu plus sacré que le temple de la justice où vous parlez en face de l'image du juge éternel.

Eh bien, ici, messieurs, M. Bréon a dressé une embûche et médité de faire un mauvais coup. Il s'est abrité derrière les immunités de cette barre, rempart du droit blessé et de la libre défense, pour tuer la réputation d'un honnête homme et le livrer déshonoré aux ennemis de ses croyances.

Sous prétexte d'une question de droit, on nous a conduits dans un guet-apens. Ce n'est pas un procès que vous avez fait, c'est une embuscade que vous avez dressée.

Le jugement vous en donnera des regrets, je souhaite que votre conscience vous en inspire des remords.

Ce n'est pas notre faute, si l'on a élargi les limites de cette cause et si l'on a osé vous demander de juger une question de moralité. Eh bien, oui, messieurs, jugez-la maintenant, il le faut et je vous en supplie.

Que votre jugement soit notre sauvegarde et notre bouclier de salut ; et non pas de Paul Besson seulement : vous allez en effet juger les vivants et la morte. Oui, s'il y a ici un coupable, il y en a une autre sous la pierre du sépulcre. Ce qui s'est fait, c'est Marie Bréon qui l'a voulu ; elle a voulu le mariage, elle a voulu les actes respectueux, elle a voulu passer outre à l'opposition. Tout cela elle l'a voulu d'accord avec sa mère. L'honneur de toutes deux est engagé dans ce procès. Époux et père, l'entendez-vous, c'est l'honneur de votre femme, c'est l'honneur de votre fille.

Ah ! si cette pauvre innocente qui a tant souffert pouvait sortir de sa tombe, c'est à elle que je voudrais demander le jugement qui vengerait l'homme qu'elle a tant aimé.

Mais je ne puis évoquer que son souvenir. Eh bien ! vous magistrats, parlez pour elle. Parlez bientôt, je vous en conjure, il est temps que nos voix se taisent et que la vôtre soit entendue. Parlez, car la calomnie fait son chemin ; parlez, messieurs, parlez ; vous êtes notre espoir, car vous êtes la justice.

PARIS. — TYPOGRAPHIE LAHURE
Rue de Fleurus, 9

146

www.ingramcontent.com/pod-product-compliance
Lightning Source LLC
LaVergne TN
LVHW020443060726
842525LV00005B/1524